사이버공간과
국가안보

사이버공간과 국가안보

1 판 1 쇄 인쇄 2012 년 12 월 25 일
1 판 1 쇄 발행 2012 년 12 월 29 일

저　　자_ 유동열
주　　관_ 자유민주연구학회

펴낸곳_ 북앤피플
대　　표_ 김진술
펴낸이_ 맹한승
디자인_ 김왕기

등록_ 313-2012-117호
주소_ 서울시 마포구 신촌로 196-1 이화빌딩 502호
전화_ 02-2277-0220　팩스_ 02-2277-0280
이메일_ jujucc@naver.com

ISBN 978-89-97871-06-3　　03340

사이버공간과 국가안보

유동열 **지음**

북앤피플 · 자유민주연구학회

목차

발간사

21세기 새로운 안보영역으로 부각되고 있는 사이버공간(Cyber Space)을 활용한 북한 및 종북세력의 안보위해활동이 급증하고 있다.

북한은 사이버상에서 유언비어 및 허위사실 유포 등 대남흑색선전을 통한 왜곡여론의 형성과 국론분열을 조장하는 사이버심리전뿐만 아니라, 2009년 7·7 사이버대란과 2011년 4월 농협전산망 해킹에 따른 전산마비사태 등에서 보듯이 국가기관망 및 공공망을 대상으로 한 사이버테러를 자행하고 사이버전(戰)까지 활동영역을 확산시키고 있는 상황이다. 또한 2011년 적발된 '왕재산간첩단' 사건에 보듯이 사이버공간이 간첩교신의 최첨단 수단으로 악용되고 있다.

문제는 사이버공간을 활용한 북한의 대남공작이 어제 오늘의 일이 아니라, 1990년 후반 이래 낮은 단계에서 중간 단계의 공작으로 확대 발전하며 정교하게 전개되어 오고 있다는 점이다. 북한은 가상세계인 온라인(online)과 현실세계인 오프라인(offline) 공간을 배합한 활동을 전개하며 다방면으로 국가위해활동을 전개하고 있다.

특히 강성대국 실현 기치를 들고 있는 북한으로서는 적화혁명의 교두보와 여건을 조성하기 위해 사이버공간에서의 대남공작을 더욱 공세화할 것으로 보인다.

국내 종북세력 등 안보위해세력도 북한과 연계하여 온라인 (online)과 오프라인 (offline)을 가리지 않고, 학원계, 노동계, 정치권, 종교계, 문화예술계, 언론계, 교육계 및 군(軍) 등 우리사회 각계각층에 그 동조세력이나 비호세력을 침투시켜 '종북좌파 네트워크 (Network)'를 사이버상에 형성하여 그들의 영향력을 우리사회 전반에 확산시키는 지경에 이르렀다.

사이버공간에서 자행되는 북한 및 종북세력의 안보위해활동은 대한민국의 국가안보를 위협하는 핵심 요인으로 부각되고 있다. 따라서 이를 방치한다면, 우리는 향후 중대한 안보위협에 직면할 것인 바 적극적 관심과 대처가 필요하다고 생각된다.

이에 본 책자에서는 북한 및 종북세력 등이 사이버공간에서 전개하는 안보위해활동의 실태를 분석하고 안보정책적 측면에서 대처방안을 제시하고자 한다. 이러한 작업은 사이버공간에서 북한 및 안보위해세력이 자행하는 국가위해 실태를 분석하고 이의 위험성과 폐해성을 파악하여 안보정책적 측면에서 대처방안을 제시함으로써 국가의 사이버 안보위해활동에 대한 대응력 구축에 기초 정책자료로 활용될 수 있을 것이다.

끝으로 본 책자를 발간하는데 옥고를 주신 고려대 조영기 교수님, 한국국방연구원 김철우 박사님과 많은 격려와 도움을 주신 자유민주연구학회 여러분께 깊은 감사의 인사를 드린다.

2012. 12
유 동 열

1

사이버 안보위해활동의
이론과 배경

사이버의 개념과
사이버공간의 특수성

가. 사이버의 개념

사이버 안보위해활동의 개념을 파악하려면, 먼저 사이버(Cyber)
의 개념을 이해해야 한다. 사이버(Cyber)란 용어는 원래 그리스어
'Kyber(조타장치)'에서 유래한다. 그리스에서 대장장이 헤파이토스
가 '퀴베르네테스(CYBERNETES, 키잡이 내장로봇)'를 발명했다는
신화에서 인공두뇌학을 'CYBERNETICS'라고 명명하였으며, 여기
서 사이버란 용어가 등장하게 된다.

사이버공간(Cyber Space)이란 용어는 1980년 발표된 윌리엄 깁
슨(W.Gibson)의 공상과학소설인 '뉴로멘서(Neuromancer)'에서 처
음 사용되었다. 이 소설은 정부, 대기업과 보안자료를 놓고 전쟁을
벌이는 해커들의 활동을 그린 이야기인데, 여기서 컴퓨터 네트워크

상의 가상무대를 'Cyber Space(사이버 공간)'로 지칭하였다.[1]

이후 사이버란 용어는 사이버 공간, 사이버 범죄, 사이버 테러, 사이버 전쟁 등과 같이 접두어로 사용되며, 컴퓨터와 인터넷 망(網), 온라인(online)망 즉 정보통신망[2]을 의미하는 용어로 사용되고 있다.

나. 사이버공간의 특수성

사이버공간은 사이버영역에서의 특수활동이라는 점에서 아래와 같은 특성은 가지고 있다.[3]

첫째, 활용의 편이성이다. 사이버공간은 컴퓨터와 랜(유·무선)으로 연결만 되면, 간단한 조작으로 어디에서나 언제든지 자유롭게 인터넷을 활용할 수 있다는 점에서 매우 편리하다.

둘째, 정보확산의 신속성이다. 사이버공간은 특정한 내용이나 정보자료를 신속하게 지역이나 국경에 관계없이 무제한적으로 다양한 정보를 확산시킬 수 있다. 북한은 이를 활용하여 특정한 정보를 신속하게 확산시키며 여론을 조작하는 등 사이버 심리전을 전개하

---

1) 처음에는 사이버공간이 컴퓨터가 조장하는 체험과 몰입의 가상현실의 세계를 의미하였으나, 이것이 점차 가상현실과 분리되면서 네트워크를 통해 이루어지는 커뮤니케이션공간으로 이해되기 시작하였다. Strate L., Jacobson R., Gibson S. B, Surveying the Electronic Landscope(London: Hampton Press, 1993), pp3-4.
2) 국가사이버안전관리규정(대통령훈령 제00267호, 2010.4.16)에서는 직접 사이버라는 용어를 정의하지 않고 제2조에서 '정보통신망'이란 용어로 대체하고 있다. "훈령에서 사용하는 용어의 정의는 다음과 같다. 1. "정보통신망"이라 함은 「전기통신기본법」 제2조제2호의 규정에 의한 전기통신설비를 활용하거나 전기통신설비와 컴퓨터 및 컴퓨터의 이용기술을 활용하여 정보를 수집·가공·저장·검색·송신 또는 수신하는 정보통신체제를 말한다."
3) 유동열, 국내 좌파운동권의 사이버투쟁실상, 제13차 공안문제연구소 세미나 발표문, 공안문제연구소, 2001.11, 2-3면.

고 있다.

셋째, 대상의 광범위성이다. 사이버공간은 불특정 다수 또는 특정한 그룹에게 관련 정보를 광범위하게 전파할 수 있다는 특징을 가지고 있다. 특히 사이버공간에서는 전통적인 경계(boundary)가 불분명하여, 지리적, 문화적, 정치적, 이념적 차이, 피아(彼我) 간에 수많은 정보를 가지고 드나들 수 있는 영역이다.

넷째, 통신의 쌍방향성이다. 사이버망은 수신·송신기능을 지니고 있어 일방통신이 아닌 쌍방향간 통신연락이 자유롭다는 특징을 가지고 있다. 특히 간첩교신에 있어 신속하게 보안을 유지하며 원하는 정보를 지령하거나 보고 받을 수 있다.

다섯째, 경비의 저렴성이다. 사이버망은 우편, 전화, 전송, 택배 등 일반적인 커뮤니케이션 전달수단에 비해 컴퓨터망만 갖추어지면 저비용으로 시간, 지역에 관계없이 다양한 정보를 송·수신하고 전달할 수 있다는 특징을 가지고 있다. 예를 들면, 간첩이 남파되어 각종 정보를 수집하려면 엄청난 경비와 위험성이 따르지만, 사이버간첩의 경우 저렴한 비용으로 해킹 등을 통해 국가기관망에 접속하여 원하는 정보를 탐지할 수 있고, 공공망을 무력화 할 수 있는 등의 특성을 지니고 있다. 또한 기존의 핵무기, 미사일 등 군사무기의 연구개발부터 전쟁을 수행하는 단계까지 천문학적인 경비가 소요되지만, 사이버 정보전의 경우에는 저렴한 경비를 통해 무기체계의 무력화 등 전쟁정책 목표를 달성할 수 있다는 장점이 있다.

여섯째, 정보의 축적성이다. 사이버공간은 수많은 정보의 검색, 축적 등의 기능을 지니고 있어, 좁은 공간에서 수많은 자료와 정보를 검색하고 영구히 보관할 수 있다는 특징을 가지고 있다.

일곱째, 정보의 보안유지성이다. 사이버망은 암호설정, CUG(폐쇄망) 운영, 복호화, 방화벽 설치 등을 통해 특정그룹만의 통신연락, 자료열람 등이 제한적으로 이루어져 비교적 높은 보안성을 유지하고 있다.

아홉째, 정보보안의 취약성이다. 사이버공간은 사용자의 노력에 의해 높은 보안성을 유지하는 반면, 전문가그룹에 의해 무차별 정보누출 등 해킹을 당할 수 있다는 취약성을 지니고 있다. 정예하게 양성된 사이버간첩 및 좌파권들에 의해 국가기관망, 공공망에 무단 접속하여 정보를 조작하고 이를 무력화할 수 있는 취약점이 노출되고 있는 실정이다. 따라서 이로 인한 안보적 파급효과는 매우 크다고 할 수 있다.

열번째, 정보원(情報源)의 익명성이다. 익명성(anonymity)은 커뮤니케이션의 상대의 구체적 실체나 정체가 드러나지 않는 상태를 지칭한다. 정보원(송신자)이 익명 또는 가명으로 전달됨로써 정보에 대한 신뢰성을 확보할 수 없는 것이다. 이를 악용하여 북한 및 국내 종북좌파세력은 무차별적인 왜곡된 선전선동의 장(場)으로 사이버공간을 활용하고 있다.

사이버 안보위해활동의
개념과 배경

가. 사이버 안보위해활동의 개념

사이버 안보위해활동이란 북한 및 종북세력 등 안보위해세력이 사이버공간을 활용하여 대한민국의 국가안보를 위협하거나 위태롭게 하는 제반 활동을 의미한다. 사이버 안보위해 활동에는 사이버 선전선동, 사이버테러, 사이버전, 사이버간첩교신 등 다양하게 전개되고 있다.

사이버 선전선동이란 사이버공간을 활용하여 국민들의 여론, 감정, 태도, 행동 등을 북한 및 종북좌파세력의 활동목표에 유리하게 작용하도록 심리적인 영향력을 행사하는 일종의 '영향공작(Influencial Operation)'이며 내용에 있어 대남 선전선동전술이라 할 수 있다.

사이버테러에 대해 '정보통신기반보호법'(법률 제9708호, 2009. 5.22)에서는 '전자적 침해행위'(제2조 2항)로 규정하고 있는데, "정보통신기반시설을 대상으로 해킹, 컴퓨터바이러스, 논리 · 메일폭탄, 서비스거부 또는 고출력 전자기파 등에 의하여 정보통신 기반시설을 공격하는 행위"라고 정의하고 있다. 또한 '국가사이버안전관리규정'(대통령훈령 제267호, 2010.4.16)에서는 '사이버공격'이라고 규정(제2조 3항)하고 있는데, "해킹 · 컴퓨터바이러스 · 논리폭탄 · 메일폭탄 · 서비스방해 등 전자적 수단에 의하여 국가정보통신망을 불법침입 · 교란 · 마비 · 파괴하거나 정보를 절취 · 훼손하는 일체의 공격행위"라고 정의하고 있다.

이러한 관점에서 볼때, 사이버테러란 북한과 종북좌파세력들이 한국의 국가, 공공, 민간의 정보통신망을 해킹, 컴퓨터바이러스, 논리 · 메일폭탄, 서비스거부 등에 의하여 정보통신 기반시설을 불법침입 · 교란 · 마비 · 파괴하거나 정보를 절취 · 훼손하는 일체의 공격행위라고 규정할 수 있다. 전자파 공격인 '고출력 전자기파'는 사이버상이 아닌 오프라인상에서 이루어지기 때문에 사이버테러의 범주에서 제외하였다.

사이버 안보위해활동 세력에는 북한, 국내 종북좌파세력, 해외안보위해세력 등으로 나눌 수 있는데, 본 책자에서는 북한과 국내 종북좌파세력의 사이버 안보위해활동만을 대상으로 한다.

나. 사이버 안보위해활동의 배경

북한 및 종북세력이 사이버공간에서 안보위해활동에 주력하고 있는 배경은 다음과 같다.

첫째, 국내 사이버 인프라가 세계적 수준이기 때문이다. 우리나라는 인터넷 사용인구가 3,900여 만명으로 전체인구의 81%에 달하고[4] 초고속인터넷 가입자율이 전세계 3위에 해당한다.

〈표1〉 한국의 IT 인프라수준[5]

지표 내용	순위	평가 주관기관
디지털기회지수(DOI)	세계1위	국제전기통신연합(ITU)
전자정부지수	1위	국제연합(UN)
ICT 발전지수(IDI)	1위	국제전기통신연합(ITU)
인터넷 속도	1위	포천지(紙)
청소년 디지털 읽기 능력 및 모바일 브로드밴드 보급률	1위	경제협력개발기구(OECD)
IT 국가경쟁력 지수	1위	일본 총무성

또한 〈표1〉에서 보듯이 디지털 기회지수[6] 세계1위, 전자정부지수

---

4) 한국의 인터넷 사용인구는 40,329,550명으로 세계 10위(중국, 미국, 일본, 인도, 브라질, 독일, 러시아, 영국, 프랑스, 한국 순)이며, 10개국 중 인구비례로는 2위(영국 82.5%, 한국 81.1%, 독일 79.1%, 일본 78.2%, 미국 77.3% 순)이다. www.internetworldstats.com(검색일, 2012.11.30) 이 통계의 기준일은 2012년 6월 30일이다.
5) 경제협력개발기구(OECD)
6) 인터넷 보급률 같은 인프라 보급과 소득 대비 통신 요금 비율 등 기회 제공, 인터넷 이용률 등을 종합 분석해 해당 국가의 정보 통신 발전 정도를 종합적으로 평가한 지표이다. 디지털 기회 지수(DOI)는 정보 사회 세계 정상 회의(WSIS)에서 채택한 공식 지표, 경제 협력 개발 기구(OECD), 국제 연합 무역 개발 회의(UNCTAD), 국제 연합 교육 과학 문화 기구(UNESCO) 등 11개 국제 기구가 합의한 검증 가능한 데이터만으로 산출하여 국제 전기 통신 연합(ITU)이 발표하는 공신력 높은 지표로서, 2005년부터 우리나라가 DOI 지수 세계 1위임이 공식 발표된 바 있다.

⁷⁾ 세계1위, ICT 발전지수(IDI)⁸⁾ 세계1위, 세부 지표별로는 가정에서의 인터넷 접속 가구 비율 세계1위, 인구 100명당 무선 브로드밴드 가입자 세계1위, 포천지(紙) 선정 인터넷 속도 1위, 경제협력개발기구(OECD) 선정 청소년 디지털 읽기 능력 및 모바일 브로드밴드 보급률 세계1위, 일본 총무성의 IT 국가경쟁력 지수 세계1위에 오르는 등 최근 발표된 ICT 관련 국제지수에서 1위를 휩쓸고 있는 것과 같이 세계 최고수준의 IT 기술 보유국이기 때문이다.

둘째, 오프라인상에서의 안보위해활동보다 온라인상에서의 활동이 훨씬 비용도 적게 들고 파급효과가 크다는 점이다. 즉 '저비용·고효율'의 안보파괴 수단인 것이다. 실제 2009년 7·7 디도스공격과 2011년 농협전산망 마비사태에서 보듯이, 온라인상에서의 조작만으로 오프라인을 마비시켜 혼란에 빠트리는 강력한 효과를 발휘한바 있다. 북한 및 종북세력은 이러한 상황을 감안하여, '정보의 바다'라고 불리워지는 인터넷(Internet) 즉 사이버공간을 그들이 추구하는 사회주의혁명을 달성하기 위한 수단의 일환으로 활용하고 있는 것이다.

---

7) 국제연합(UN)의 '전자정부준비지수(e-government readiness index)'는 세계 각국의 전자정부 수준을 평가하는 가늠자 역할을 한다. UN 경제사회국(DESA)이 매년 말 발표하는 이 지수는 크게 △웹서비스 수준(web measure index) △정보통신인프라 수준(infrastructure index) △인적자본 수준(human capital index) 등으로 구성된다. 따라서 이 세 수준값의 평균치가 전자정부준비지수가 된다. 웹수준은 국가포털 사이트나 정부공식홈페이지를 중심으로 평가된다. 정보통신인프라는 PC보급률, 인터넷 이용자 수 등 6개 지표의 가중 평균으로 측정된다. 인적자본은 성인식자율, 취학률 등 2개 지표의 가중 평균으로 전자정부 서비스에 대한 국민의 수용도를 반영한 것이다.
8) 유엔(UN) 산하 전기통신 전문 국제기구인 ITU는 회원국 간 ICT 발전 정도를 비교·분석하기 위해 △ICT 접근성 △ICT 이용도 △ICT 역량 등 3가지 항목을 평가해 IDI를 산출한다.

사이버 안보위해활동의 목적

 북한과 종북세력이 사이버안보위해활동을 전개하는 목적은 다음과 같다. 북한이 사이버공작을 전개하는 궁극적 목적은 북한의 대남적화혁명전략과 직접 연관되어 있다. 즉 북한정권의 최종 목표인 '전한반도의 주체사상화와 공산화통일' 완수를 위한 유리한 혁명정세를 조성하려는 것이다.

 북한이 대남사이버공작을 통해 1964년 2월 27일 조선로동당 제4차 8기 전원회의에서 제시한 '전조선혁명을 위한 3대(북한, 남한, 국제) 혁명역량 강화노선' 중 남한사회주의 혁명역량의 강화를 기하여, 소위 남조선혁명 달성을 용이하게 하려는 것이다. 북한은 이른바 남조선혁명을 위한 남한사회주의혁명 역량 강화책의 일환으로 ①한국 내 반정부 및 좌익용공세력의 활동지원 ②한국 국민의 의식화와 조직화 ③지하당 및 통일전선 구축 ④반혁명역량[9] 약화 및 제거 등의 활동을 자행한다.

북한은 지속적인 대남사이버공작을 통해 우리내부의 남남갈등, 국론분열 등을 조장하여 한국사회의 교란을 조성하고 정권기반을 무력화시켜 이른바 남조선혁명의 분위기를 고조시키려는 것이다.

또한 북한은 위와 같은 핵심 목적 외에도 아래와 같은 부가적 목적을 얻는다. 첫째는 북한의 극심한 경제난 등으로 인한 체제위기의 원인을 한국정부와 미국의 반(反)사회주의책동으로 돌려 전쟁분위기 조성을 정당화하고, 이로써 누적된 경제난으로 점증하는 주민 불만과 갈등을 무마시켜 결국 김정은 수령유일독재정권과 사회주의 체제를 공고화하려는데 활용하려는 것이다. 둘째는 국제사회에 북한정권의 정당성과 한국정부의 부당성을 선전하여 한국정부를 고립화시키고 국제정치환경을 북한에 유리하게 작용하여 국제적 위상을 기하려는 의도를 관철시키려는 것이다.

이와 같이 북한은 정권목표인 대남혁명전략을 실현하기 위해, 오프라인(offline)과 병행하여 온라인(online)공간인 사이버공간을 통해 해킹 등 사이버테러와 사이버 간첩교신, 사이버전 등 사이버 대남공작 등을 수행하고 있는 것이다.[10] 종북세력 등 국내 안보위해세

---

9) 반혁명역량이란 남한혁명을 방해하는 역량으로 국군, 대공수사기관, 국가보안법 등을 의미하며, 이를 통해 우리사회의 혼돈상태(국론분열, 사회교란 등)를 조성하기 위해 주력하고 있다.
10) 유동열, "북한 및 국내 좌파권의 사이버투쟁 실상", 자유민주연구 제2권제2호, 자유민주연구학회, 2007, 40-41면.

력도 북한의 대남전략과 연계하여 한국사회 적화혁명을 위하여 사이버공간을 활용하여 안보위해활동을 전개하는 것이다.

2

북한의 대남사이버공작
체계와 양상

북한의 대남전략과
사이버공간

북한의 대남 사이버공작을 정확히 파악하기 위해서는 북한의 대남전략에 대한 이해가 선행되어야 한다. 앞서 지적했듯이, 북한의 대남 사이버공작은 대남적화전략의 일환으로 전개되기 때문이다.

가. 북한 대남전략의 개념과 영역

북한의 대남전략이란 북한정권의 목표인 '전 한반도의 주체사상화와 적화통일'을 달성하기 위해 남한에 대해 전개하는 모든 실천적인 행동지침을 말한다. 북한에서는 대남전략을 '남조선혁명전략'이라 호칭하고 대남공작부서에서는 '대남사업'이라고 통칭한다.[11] 북한

---

[11] 북한의 대남혁명전략에 대해서는 북한연구소, 북한총람 2003-2010, 북한연구소, 2010. 중 필자가 집필한 '대남전략편'과 유동열, 북한의 대남전략, 통일부 통일교육원, 2010. 참고.

의 대남전략은 한마디로 북한당국의 행동방식과 법칙이라 할 수 있다. 따라서 북한의 대남전략을 정확히 이해해야 북한당국의 행태를 제대로 파악할 수 있다.

북한의 대남전략이라고 하면 통상 간첩침투공작, 스파이공작, 대남테러, 납치행위 및 무력군사도발 등 만을 떠올리나, 실제로는 이외에도 남북대화, 남북교류, 금강산관광과 개성공단 등 남북 경제협력사업, 재외국민을 대상으로 한 해외에서의 공작, 사이버테러 등 한국과 관련된 모든 분야가 대남전략의 영역이라는 점을 지적한다.

나. 북한 대남전략의 목표

북한 대남전략의 궁극적 목표는 북한 조선노동당 규약 서문에 명시된 조선노동당의 당면목적와 최종목적에 잘 나타나 있다. 북한은 2010년 9월 28일 개최된 '제3차 조선노동당 당대표자회'에서 30년 만에 당 규약을 전면 개정하였다.

당 규약 서문을 보면, 당이 지향해야 할 최종목적에서 '공산주의 실현'부분을 삭제하고 '인민대중의 자주성을 완전히 실현'으로 명시하고 있다.

이는 북한이 2009년 4월에 사회주의 헌법을 개정하면서 '공산주의'라는 표현을 삭제한 것과 맥락을 같이 한다. 이를 놓고 북한전문가들과 일부 언론에서는 북한이 공산주의실현과 적화통일을 포기했

1980. 10. 10 제6차 당대회	조선로동당의 당면 목적은 공화국 북반부에서 사회주의의 완전한 승리를 이룩하여 전국적 범위에서 민족해방과 인민민주주의 혁명과업을 완수하는데 있으며 최종 목적은 온 사회의 주체사상화와 공산주의사회를 건설하는데 있다.(당규약 서문 중)
2010. 9. 28 제3차 당대표자회	조선로동당의 당면 목적은 공화국 북반부에서 사회주의의 강성대국을 건설하며, 전국적 범위에서 민족해방 민주주의 혁명과업을 수행하는데 있으며 최종목적은 온 사회를 주체사상화하여 인민대중의 자주성을 완전히 실현하는데 있다.(당규약 서문 중)
2012. 4. 11 제4차 당대표자회	조선로동당의 당면 목적은 공화국 북반부에서 사회주의의 강성대국을 건설하며, 전국적 범위에서 민족해방 민주주의 혁명과업을 수행하는데 있으며 최종목적은 온 사회를 김일성.김정일주의하여 인민대중의 자주성을 완전히 실현하는데 있다.(당규약 서문 중)

다는 성급한 분석이 난무하고 있으나, 이는 잘못된 분석이다.[12] 또한 2012년 4월 11일 개최된 제4차 당대표자회에서는 당규약을 수정하여, '온사회의 주체사상'을 '온사회의 김일성주의와 김정일주의화'로 명시하여 전한반도를 수령절대주의체제화 하겠다고 공언하고 있다.

〈표3〉과 같이 북한 《철학사전》(1985년판)과 《주체사상 총서5권》(1985년판)에 명시된 공산주의에 대한 정의를 보면, 공산주의 삭제 표현이 위장 사기임을 알 수 있다. 즉 개정된 당 규약에 의하면, 당의 최종목적이 '온사회를 주체사상화하여 인민대중의 자주성을 완전히 실현'하는 것인데, 바로 이러한 표현이 공산주의사회를 건설하겠다는 것임이 북한 《철학사전》(1985)과 《주체사상총서 5권》(1985) 책자에서 확인된다. 따라서 당 규약 개정에도 불구하고, 북한의 적화통일노선에는 변함이 없음을 알 수 있다.

---

12) 유동열, "북한의 후계구도와 대남전략", 2010년 국가정보학회 연례학술회의 발표문, 2010.11.24.,43면.

〈표3〉 공산주의에 대한 정의

북한 철학사전 (1985)	공산주의사회는 온사회를 주체사상화할 때 성과적으로 이루어진다. 공산주의사회는 주체사상의 요구에 맞게 사람과 사회가 개조됨으로써 인민대중의 자주성이 완전히 실현되는 사회이다"(북한 철학사전, 사회과학출판사, 1985, 62면)
북한 주체사상 총서 5권 (1985)	공산주의사회는 근로 인민대중의 자주성이 완전히 실현되는 사회, 인류사회발전의 가장 높은 단계를 이루는 사회이다"(북한, 위대한 주체사상총서 5: 사회주의, 공산주의건설리론, 사회과학출판사, 1985, 3면)

따라서 북한이 대남전략을 전개하는 당면목표는 대남적화혁명을 위해 남한사회주의혁명 역량을 강화하여 남한혁명의 주객관적 상황 즉 결정적 시기를 조성하려는 것이다.

다. 북한 대남전략의 지도사상 : 주체사상과 선군사상

북한은 대남전략의 하위체계인 대남공작을 전개할 때, 북한판 공산혁명사상인 주체사상에 입각한 주체사관(主體史觀)을 기본 행동원리로 삼고 있다. 현재 북한 대남공작의 지도사상은 주체사상과 선군사상이라 할 수 있다.

북한은 주체사상과 함께 선군(先軍)사상[13]을 대남공작의 운용원리로 추가하고 있다. 북한이 2009년 4월 5일 개최한 제12기 최고인민회의에서 개정한 사회주의헌법 제3조에서 "조선민주주의 인민공

---

13) 북한은 선군노선이 주체사상을 뿌리로 하고 있다며 선군노선을 '21세기 주체사상'이라고 밝히고 있다. 북한은 선군사상을 "우리 당의 선군혁명 령도, 선군정치는 군사를 제일국사로 내세우고 인민군대의 혁명적 기질과 전투력에 의거하여 조국과 혁명, 사회주의를 보위하고 전반적 사회주의 건설을 힘 있게 다그쳐 나가는 혁명령도 방식이며 사회주의 정치방식입니다"라고 정의하고 있다. 북한 노동신문, 2001.12.15일자 정론, '선군혁명 천만리', 노동신문 2003. 3.21일자 사설, '선군사상은 우리시대 자주위업의 필승불패이다.'

화국은 사람중심의 세계관이며 인민대중의 자주성을 실현하기 위한 혁명사상인 주체사상, 선군사상을 자기 활동의 지도적 지침으로 삼는다"로 명시한 점과 제3차 당표자회(2010.9.28)에서 수정한 당규약 서문에 "조선노동당은 선군정치를 사회주의 기본정치방식으로 확립하고 선군의 기치 밑에 혁명과 건설을 영도한다"고 '선군혁명'노선을 명기한 점에서도 북한이 주체사상과 함께 선군혁명노선 즉 선군사상을 대남전략의 지도사상으로 삼고 있음이 확인된다.

또한 2012년 4월 11일 개최된 제4차 당대표자회에서는 이를 김일성주의와 김정일주의로 공식화하고 있다.

〈표4〉 주체사상과 선군사상 비교

	주체사상	선군사상
형성시점	1963년경(황장엽 증언) (북한은 1930년 카륜회의로 주장)	1995.1.1.(선군혁명절) (북한은 1960.8.25. 선군영도 주장)
창시자(북한주장)	김일성	김정일
사상적 토대	수령절대주의 혁명사상 (인민중심 세계관이라 선전)	주체사상 + 총대중시사상
사상분류	김일성 혁명사상(김일성주의)	김정일의 혁명사상(김정일주의)
북한 선전내용	공산주의를 실현하기 위한 혁명사상	21세기 주체사상, 제2의 조선혁명노선

선군사상이란 한마디로 표현하면 '주체사상+군(軍)중시사상'이다. 이제 북한은 선군노선을 초기의 상징조작이나 구호차원에서 벗어나 북한체제 전반에 '주체사상=김일성의 혁명사상=김일성주

의', '선군사상=김정일의 혁명사상=김정일주의'로 정식화하고 있다.

라. 북한의 대남전략노선: 민족해방 민주주의혁명

북한의 대남전략노선은 '민족해방 민주주의혁명(NLDR : National Liberation Democracy Revolution)'이다. 북한은 1970년 제5차 당대회 이후 남조선혁명의 성격을 '민족해방 인민민주주의혁명(NLPDR : National Liberation People's Democracy Revolution)'[14]이라고 규정하고, 이를 공식 채택하여 당 규약 전문에 수정 명시하였다. 북한은 제5차 당대회 이래 일관되게 민족해방 인민민주주의 혁명노선을 견지해오다, 2010년 9월 제3차 당대표자회에서 당규약을 수정하면서, '민족해방 민주주의혁명(NLDR)'으로 명칭을 변경하며 '인민'이란 용어를 삭제하고 있다.

그렇다면, '민족해방 인민민주주의혁명(NLPDR)'과 '민족해방 민주주의혁명(NLDR)'은 어떠한 차이가 있는가? 결론부터 말하면, 차이가 없다. 북한은 그동안 두 전략을 다같이 '반제반봉건 민주주의혁명'이란 용어와 혼용하여 같은 개념으로 사용한 바 있다.

북한이 당 규약개정시 '민족해방 인민민주주의혁명'에서 '인민'을 삭제하고 '민족해방 민주주의혁명'이라고 명시한 이유는 '인민민주주의혁명'란 표현이 첫째, 국내에서 사회주의→공산주의로 이행하

---

14) 북한은 NLPDR의 D를 'Democratic' 이 아닌 'Democracy'로 표현.

는 과도단계 혁명이라고 인식되어 부정적 이미지를 풍기는 점을 감안하여 진짜 '민주주의'를 하자는 혁명이라고 위장하려는 술책으로 보이며 둘째, 국내 좌익권에서 북한추종파인 주사파에 대항하는 맑스레닌계열의 계파인 'PD파(PDR파: 민중민주주의혁명파)'와 차별화하기 위함이라고 판단된다.

'민족해방 (인민)민주주의혁명전략'은 김일성이 1970년 11월 제5차 조선노동당대회시 '남조선혁명과 조국통일을 위하여'라는 당 총화보고에서 잘 규정하고 있다.

"남조선혁명은 미제국주의 침략자들을 반대하는 민족해방혁명인 동시에 미제의 앞잡이들인 지주, 매판자본가, 반동관료배들과 그들의 파쑈통치에 반대하는 인민민주주의혁명입니다. 이 혁명의 기본임무는 남조선에서 미제국주의침략세력을 내쫓고 그 식민지통치를 없애며 군사파쑈독재를 뒤집어엎고 선진적인 사회제도를 세움으로써 민주주의적 발전을 이룩하는 데 있습니다"(제5차 당대회시 김일성 총화문 中)

이 전략은 북한의 남한사회에 대한 성격평가에서 비롯된다. 북한은 주체사관에 입각하여 남한사회를 미국에 정치, 경제, 사회, 문화 및 군사적으로 종속되어 있는 식민지사회로, 남한정부를 미제의 식민지 대리통치정권(또는 친미파쑈정권) 등으로 성격 지우고 있다.

<표5> 북한의 남조선혁명노선 규정 추이

년 도	내 용
1961년	남조선혁명은 제국주의를 반대하는 민족해방혁명이며 봉건세력을 반대하는 민주주의혁명이다.(제4차 당대회시)
1970년	남조선혁명은 미제국주의 침략자들을 반대하는 민족해방혁명인 동시에 미제의 앞잡이들인 지주, 매판자본가, 반동관료배들과 그들의 파쑈통치를 반대하는 인민민주주의혁명입니다" (조선로동당 제5차대회에서 한 중앙위원회사업총화보고 중, 1970.11.2)
1973년	민족해방 민주주의혁명 ☞ 반제반봉건 민주주의혁명(북한 정치사전, 1973년판)
1980년	조선로동당의 당면 목적은 공화국 북반부에서 사회주의의 완전한 승리를 이룩하여 전국적 범위에서 민족해방과 인민민주주의 혁명과업을 완수하는데 있으며 최종목적은 온 사회의 주체사상화와 공산주의사회를 건설하는데 있다(제6차 당대회시 당규약 전문 중)
1999년	민족해방 인민민주주의혁명 ☞ 반제반봉건 민주주의혁명(북한 조선대백과사전10권, 1999년판)
2005년	백전백승의 강철의 령장이신 위대한 수령님을 따라 민족해방위업과 민주주의혁명, 사회주의혁명과 사회주의건설을 무력으로 개척하고 담보하여왔던것처럼 조선인민군이 무적필승의 선군령장 김정일장군님을 높이 모시고 사회주의위업을 끝까지 완성해나갈 신념과 의지의 폭발이기도 하였다.(선군태양 김정일장군2, 평양출판사, 2005. 195면)
2010년	조선로동당의 당면 목적은 공화국 북반부에서 사회주의의 강성대국을 건설하며, 전국적 범위에서 민족해방 민주주의 혁명과업을 수행하는데 있으며 최종목적은 온 사회를 주체사상화하여 인민대중의 자주성을 완전히 실현하는데 있다. (제3차 당대표자회 당규약 개정서문 중)

여기의 '민족해방'이란 남한혁명을 위해선 먼저 남한사회의 실질적인 지배자라는 미 제국주의(주한미군 및 미 대사관 관료 등)를 남한 땅에서 축출하고 남한민족의 해방을 이룬다는 의미이다.

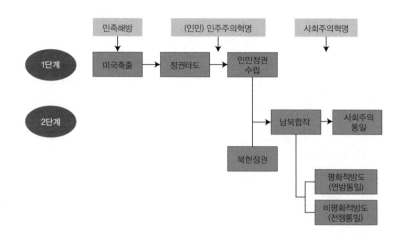

〈그림1〉 북한의 대남혁명전략 수행과정

　'인민민주주의혁명'이란 미제의 대리통치정권이며 독재정권이라

는 남한정권을 남한인민의 힘으로 타도하고 사회주의로 이행하기

위한 과도체제인 인민정권(민족자주정권이라 표현)[15]을 수립하자

는 것이다. 따라서 민족해방은 '미제축출=주한미군 철수-자주화'

를, 인민민주주의혁명은 '남한정권 타도 후 인민정권 수립-민주화'

를 의미하는 것이다. 이어 북한은 2단계로 남북합작에 의한 사회주

의혁명을 진행시킨다.

　북한은 남한혁명(민족해방 민주주의혁명)의 동력(動力) 즉 혁명역

량 편성으로 주력군과 보조역량을 아래와 같이 배치하고 있는데, 이

---

15) 2000년 6.15 공동선언 이후 국내에서는 인민정권을 '자주적 민주정부'로 표현하고 있다.

중 보조역량이 바로 광범위한 민중을 규합하기 위한 통일전선의 구
축대상이다.

<표6> 북한의 대남혁명역량 편성

주력군	노동자, 농민, 청년학생, 진보적 지식인 및 전위당(반제민전)
보조역량	도시 소자산계급, 애국적 군인, 양심적인 민족자본가, 반제 애국인, 반제종교인, 동요하는 인텔리 및 각계각층 인민

마. 북한의 대남공작지침: 남한사회의혁명역량 강화

북한 대남공작의 지침은 1964년 2월 27일 당중앙위원회 제4기 8
차 전원회의에서 채택한 '전조선혁명을 위한 3대혁명 역량강화 노
선'에서 찾을 수 있다. 3대혁명역량이란 ①북한 내부의 사회주의혁
명 역량강화 ②남한 내부의 사회주의혁명 역량강화, ③국제사회주
의혁명 역량강화을 말한다.

현 상황에서 '3대 혁명역량'을 평가해보면, 북한은 극심한 경제난
등 국내외적인 상황으로 보아 북한이 북한내부 혁명역량과 국제혁
명역량의 강화를 꾀하기는 한계가 있는 바, 가장 비중을 두고 있는
노선은 바로 두 번째인 남한혁명역량 강화노선이다. 그 이유는 북
한자체 혁명역량은 북한의 정치, 경제적 상황으로 미루어 획기적으
로 강화하기 어려운 상태이며, 국제혁명역량도 사회주의권의 붕괴
로 기대할 수 없는 상태이기 때문이다.

북한의 대남공작 지침은 바로 두 번째인 남한사회주의혁명 역량 강화노선에 잘 나타나 있다. 이는 ①남한 내 민주주의운동 지원 ② 남한인민의 정치사상적 각성 ③혁명당과 혁명의 주력군 강화 및 통일전선 형성 ④반혁명역량 약화 등으로 집약된다. 아래 〈표7〉을 보면, 국내 종북좌파세력들의 주장하는 구호와 투쟁노선이 북한의 대남공작지침 내용과 일치한다는 것을 알 수 있다.

〈표7〉 북한 대남공작의 지침과 주요 내용

대남공작 지침	주요 내용
남한내 민주주의운동 지원	· 남한내 종북좌파운동 지원 · 남한내 반정부, 불순세력 지원
남한인민의 정치사상적 각성	· 남한인민의 주체사상 의식화 · 남조선혁명의식 고취 · 연방제통일론 확산
혁명당과 통일전선 형성	· 혁명적 지하당 구축 · 동조세력 포섭 및 종북좌파단체 구축
반혁명역량 거세 및 약화	· 주한미군 철수 · 국군 와해전취(무력화) · 안보수사기관(국정원, 기무사, 경찰 보수대) 무력화 · 국가보안법 철폐 등 제도적 장치 해체

첫째, 남한 내 민주주의운동 지원이란 남한 내 용공세력, 반정부 세력 등 이른바 종북좌파운동권의 투쟁을 고무선동하고 지원하는 것을 의미한다. 북한은 이를 위해 그간 간첩을 남파하여 국내 종북좌파 운동권과 연계를 가지고 투쟁자금 지원 등 각종 공작을 전개해

왔다. 대표적인 예로 1992년 조선로동당 중부지역당 사건, 1994년 구국전위사건, 1995년 간첩 김동식사건, 1997년 최정남·강현정 부부 간첩사건, 1999년 민족민주혁명당 사건, 2006년 일심회 간첩사건, 강순정간첩사건, 2009년 실천연대사건, 2010년 범민련 남측본부사건, 연방통추사건, 2011년 왕재산간첩단사건 등을 들 수 있다.

둘째, 남한인민의 정치사상적 각성이란 남한인민을 김일성의 주체사상이나 선군사상으로 무장시키고 혁명의 주인으로서의 입장을 자각케 하는 것으로 의식화공작을 의미한다. 1980년대 중반이후 그동안 학원계와 노동계 등에 '주체사상 선전소조'나 '주사파'라는 종북운동세력이 형성되어 대중 의식화에 진력해 온 사실도 이를 뒷받침해주고 있다.

셋째, 혁명당과 혁명의 주력군 강화 및 통일전선 형성이란 조직화공작 차원으로 남한혁명을 지도할 지하당을 구축하고 혁명의 주력군인 노동자, 농민, 청년학생 및 진보적 인텔리의 동력을 강화시키라는 것이며, 통일전선을 형성하라는 것은 혁명의 보조역량인 광범위한 각계각층의 민중을 유인하여 '반미구국전선'이나 '반파쇼 민주연합전선'을 구축하라는 것이다. 실제 북한은 그동안 지하당 구축을 위해 1960년대 통일혁명당, 인민혁명당, 1970년대 남민전(남조선민족해방전선), 1980년대 한민전(한국민족민주전선, 현 반제민전), 1990년대 조선노동당의 남한지역당인 중부지역당, 민족민주혁명당, 2000년대 일심회 간첩단, 왕재산간첩단 결성에 주력해왔고,

통일전선구축을 위해 범민련(조국통일 범민족연합), 범청학련(조국통일범민족청년학생연합) 결성에 매진해왔다.

끝으로 반(反)혁명역량의 약화란 남한혁명의 걸림돌이라는 주한미군을 철수시키는 것이며, 또한 남한의 안보무장력인 국군을 와해시켜 무력화시키고 결정적 시기에 혁명군으로 활용하자는 공작이다. 북한은 이를 위해 군부 내 간첩을 침투시켜 장교 등을 포섭하여 동조세력을 규합하기 위해 혈안이 되어 있다. 또한 남한의 정치, 경제, 사회 등 제 부분을 취약하게 유도하여 혼돈상태를 조성하는 것이며, 직접적으로는 남한혁명을 방해하고 제한하는 안보수사기관(국정원, 경찰, 기무사 등)을 무력화시키고 남한에서 공산주의 활동을 규제하는 국가보안법을 철폐시키는 등 법적·제도적 장치를 분쇄하는 것이라 하겠다.

실제 북한은 그동안 지하당 구축을 위해 1960년대 통일혁명당, 인민혁명당, 1970년대 남민전(남조선민족해방전선), 1980년대 한민전(한국민족민주전선, 현 반제민전), 1990년대 조선노동당의 남한지역당인 중부지역당, 민족민주혁명당, 2000년대 일심회 간첩단, 강순정간첩, 2009년 실천연대, 2010년 범민련 남측본부, 연방통추, 2011년 왕재산간첩단 등을 결성하였다. 또한 통일전선구축을 위해 범민련(조국통일 범민족연합), 범청학련(조국통일범민족청년학생연합) 등의 결성에 매진해왔다.

북한의
대남사이버공작 체계

가. 북한 사이버공작의 연혁

북한이 사이버공간에 관심을 가진 것은 1991년 걸프전이라고 알려지고 있다. 아래 내용은 탈북자 출신으로 함흥컴퓨터기술대학 교수였던 김홍광 씨의 논문을 요약한 것이다.[16]

1991년 걸프전이 미국주도 하의 연합국 승리로 결속된 후 북한군은 현대전쟁에서 전자전이 가지는 의의와 중요성을 심각히 받아들여 총참모부에는 지휘자동화국을, 그리고 각 군단들에는 전자전연구소를 신설하였다고 한다. 북한은 어떤 장애환경에서도 군의 지휘통신을 보장하고 적의 지휘통신을 마비시키기 위한 대 출력의 전파

---

16) 김홍광, 북한의 사이버정보전 대응과 전략, (2004) 참고.

장애를 효과적으로 실시하기 위한 각종 장비들을 개발하여 북한군을 무장시켰고 전자전 전법들을 지속적으로 연구해 오고 있다.

또한 1999년 코소보전쟁은 북한군 수뇌부에 C4ISR로 일컫는 첨단군사기술의 빈약함에 대한 통절한 위기의식을 갖게 하였다. 북한군은 적극적인 전략수정에 뒤이어 〈화성-6, 78〉 이라는 디지털기술로 조종되는 장거리미사일과 대공미사일, 그리고 순항미사일의 개발에 박차를 가했다.

그리고 개전 초에 항공 제어권을 빼앗기는 일이 없도록 하기 위해 전략적인 지점들에 허위 통신지휘소와 가짜 미사일기지들을 무수히 만들어놓고 적군의 강력한 탐지, 감시, 정찰로부터 야전군의 지휘통신능력을 보존하기 위한 각종 전법들을 강구하고 강력한 전파장애시설들을 비밀리에 각 곳에 설치하였다. 이와 함께 인터넷과 초고속 통신망의 군사적 이용이 전쟁수행에 미치는 중요성을 심각히 깨닫고 최첨단 정보기술을 갖춘 지능형 〈정보전사〉들을 키우기 위하여 관련 기술학부들을 군사대학들에 신설하고 무력개편을 진행하는 등 적극적은 조치들을 취하고 있다.

또한 2003년 '사막폭풍작전'으로 불리운 제2의 이라크전쟁기간 동안 내내 군 수뇌부가 모여 미국의 CNN 텔레비전을 통하여 시간, 분 단위로 전쟁진행상황을 면밀히 주시하였고 미국과 영국군의 새로운 전쟁수행방법과 전투기술기재들을 파악하였으며 새로운 현대전쟁의 요구에 맞게 북한군의 전투력을 높이기 위한 새로운 조치들을 강구하였다.

특히 김정일은 이라크전쟁 이후 북한군 최고수뇌부들을 모아 놓고 "지금까지의 전쟁은 알(총알) 전쟁, 기름전쟁이었다면 21세기 전쟁은 정보전이다. 즉 누가 평소에 적의 군사기술정보들을 더 많이 장악하고 있는가, 그리고 전장에서 적의 군사지휘정보를 얼마나 강력하게 제어하고, 자기의 정보력을 충분히 구사할 수 있는가에 따라 전쟁의 승패가 좌우된다"고 역설하였다.

군 최고지도부의 결정에 따라 각 급 부대들에서 군사지휘관들에게 첨단 정보기술에 대한 교육을 진행하고 있으며, 사회에서 배출된 나이 어린 영재들과 미림대학의 출신들로 조직된 전문사이버전 부대들이 조직개편을 통해 각 종 상황에서의 정보전을 효과적으로 진행할 수 있는 전투능력 구비를 위해 온갖 노력을 기울이고 있다. 뿐만 아니라 일반 기관, 주민을 위한 컴퓨터네트워크인 '광명'과 분리된 군부, 정보기관, 경찰전용의 인트라넷을 따로따로 신설하여 이를 통한 대내 정보의 유출위협을 방지하고 첨단정보기술을 활용으로 각 조직들의 업무효율을 높이고 체제유지를 더욱 강화할 실제적 조치들을 취하고 있다.

앞서 언급한 세 차례에 걸치는 전쟁들에서 미국의 점점 강화되는 정보전수행능력과 그것이 공중작전, 지상작전과 결합될 때 발휘하는 엄청난 파괴성과 효과성들을 실감하면서 북한군은 정보전에 대한 개념과 전투전법들에 대한 벤치마킹의 필요성을 절감하게 되었고 이후 여러 방면의 논의와 의견수립을 거쳐 자기식의 독특한 정보전전략들을 확립하였다.

북한이 취하고 있는 정보전대응방안과 전략들을 다음과 같다. 북한군은 정보전 개념에 대해 "정보전은 유사시 모든 첨단정보기술, 장비들을 총동원하여 적의 1차적 전자, 정보전 공격으로부터 아군의 지휘자동화능력, 명령지휘통신체계를 보존하고 적의 상응한 능력을 철저히 파괴하며, 아울러 전쟁수행의 모든 목표들을 성과적으로 달성하는데 필요하고도 충분한 정보들을 원만히 보장하기 위한 전투작전형식"이라고 정의하고 있다.

이러한 개념정립에 따라 북한군은 정보전능력을 정보제압능력과 정보획득능력 그리고 정보처리능력으로 구체화시키고 육 · 해 · 공군의 전투작전능력에 이러한 새로운 능력들을 보충시키고 있으며 한편으로는 총참모부의 정보전 지휘능력을 가일층 발전시키기 위하여 온갖 노력을 다하고 있다.

북한군은 공세적 정보제압능력을 구비하기 위하여 적의 정보 및 정보체계를 거부 · 저하 · 와해 · 파괴 및 기만하기 위한 정보전 특수부대들을 조직하고 전투방법들을 마련해 가고 있는데 그 효과성을 높이기 위하여 공군과 경보사령부들에도 종래의 직속정찰부대들과 독립된 직속정보정찰을 새로 조직하고 이러한 팀들 사이의 협동훈련도 강화하고 있다.

또한 방어적 정보제압을 향상시키기 위해 북한군의 정보 및 정보

체계를 방어하고, 최고사령부의 직접적인 지휘를 받는 총참모부 정보통제센터 등 핵심 정보전 시스템들을 적의 전자전, 정보전 공격으로부터 보호하는데 중점을 두고 있다.

기존에 전자전, 군지휘자동화와 관련된 군사기술을 전문으로 연구하던 미림대학에 새롭게 정보전 연구센터를 내오고 총참모부에는 정보통제센터를 새롭게 조직하였는 바, 이 센터의 기본 임무는 전자전, 정보지원, 정보체제 운영지원 및 무기체계 운영을 조정 통제하는 것이다.

또한, 2011년 국내에서 입수한 북한 전자전교본인《전자전참고차료》(조선인민군 군사출판사, 2005)을 보면, 김정일은 "전자전 준비를 잘하는 것은 싸움준비를 강화하는데서 매우 중요한 자리를 차지합니다 …중략… 현대전은 전자전이다. 지난 시기 전투는 화력타격으로부터 시작됐으나 오늘의 전투는 전자진압으로부터 시작된다"며 전자전의 중요성을 강조했다. 특히 자료는 걸프전 사례를 자세히 인용해 40여일 만에 미군이 승리하는 데는 전자전이 결정적 역할을 했다고 평가했다.

나. 북한의 사이버공작부서

북한은 정권목표인 대남적화혁명을 달성하기 위해 이를 전문적으로 수행하는 비밀기관인 대남공작기구를 운영하고 있으며, 각 대남공작기구별로 사이버공작 전담부서를 설치하고 있다. 따라서 북

한의 사이버전담부서를
파악하려면, 먼저 북한
의 대남공작기구의 구성
체계와 임무 등을 알아야
한다.

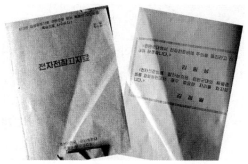

〈그림2〉 북한 전자전 교범

(1) 북한의 대남공작기구[17]

북한은 2009년 초 '2012년 사회주의 강성대국 진입' 일정에 맞추
어, 대남공작부서를 전면 개편하였다. 주 내용은 그동안 '당(조선노
동당)'에서 수행하던 대남전략권(대남공작 포함)을 '군(국방위원회)'
으로 이관한 것이다. 즉 국방위원회 직속으로 '정찰총국'을 신설하
고 산하에 작전국(구 당 작전부), 정찰국(구 조선인민군 총참모부 정
찰국), 해외정보국(구 당35호실)을 배치하였으며, 당 대외연락부는
225국으로 변경하여 대외적으로 내각 소속으로 위장하고, 당 통일
전선부는 축소 유지하는 것을 골자로 하고 있다.

첫째, 정찰총국 소속의 작전국은 공작원들에 대한 기본교육훈련,
침투공작원 호송, 안내, 복귀, 대남테러공작 및 대남 침투루트 개척
등을 주 임무로 하고 있는 공작부서이다. 이 부서에서는 남파공작원
과 전투원(간첩안내원 및 공작선요원)들에 대한 정규 기본교육훈련

---

17) 유동열, "개편된 북한의 대남공작 기구". 월간 북한 2010년 7월호, 북한연구소. 2010. 참조.

을 전담하고 있는 김정일정치군사대학(일명 금성정치군사대학), 남파공작원 파견기지인 2개의 육상연락소(개성, 사리원) 및 4개의 해상연락소(청진, 원산, 남포, 해주) 등을 운영하고 있다.

<그림3> 북한의 대남공작기구

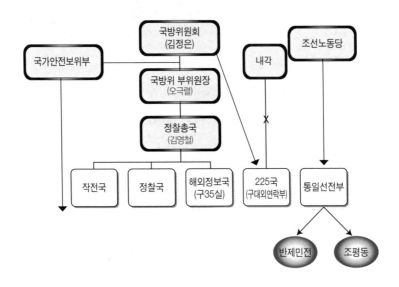

둘째, 정찰총국 소속의 정찰국은 종래 조선인민군 총참모부 직속부서였으나, 금번 개편시 국방위원회 정찰총국 소속으로 흡수되었다. 정찰국은 무장공비 양성 남파, 요인암살, 파괴·납치 등 게릴라 활동, 군사정찰 등 대남 군사정보수집을 주 임무로 하는 공작부서이다. 정찰국에는 907군부대, 잠수함(정) 침투부대인 448군부대, 22

전대, 남포해상특수부대 및 정찰국 직속 정찰대대 등이 있다. 1983년 버마 아웅산 암살폭파사건을 자행한 무장공작원과 1996년 강릉에 침투한 잠수함(상어급)이 바로 정찰국 소속임이 밝혀진 바 있다. 2010년에 적발된 황장엽 암살조도 동 부서 소속이다.

세째, 정찰총국 소속의 해외공작국은 종래 당 소속 35호실(일명 대외정보조사부)을 개칭, 이관한 것이다. 해외정보국은 주로 해외에서 대외대남 정보수집, 해외간첩 공작 및 국제 · 대남테러공작을 전담하고 있는 부서이다. 이 부서에서는 1987년 KAL 858기 공중폭파(김현희 등) 및 1978년 영화배우 최은희, 신상옥 납치공작을 자행한 바 있다. 2006년 적발된 국적세탁간첩 정경학, 2009년 적발된 간첩 이병진도 인도유학시절 35실 소속 공작원에서 포섭되어 암약하였다.

이외, 2010년 5월 28일 평양 인민문화궁전에서 천안함사건과 관련하여 기자회견을 자청한 '국방위 정책국'(국장 박임수 소장)이란 기구도 정찰총국 소속으로 파악되고 있다.

넷째, 225국은 종래 당 소속의 대외연락부였으나 현재는 내각 소속으로 편재되어 있다고 알려지고 있다. 그러나 225국은 속성 상 내각(총리 최영림) 과는 직접 관련이 없고 직접 김정은의 직접 지휘를 받고 있는 것으로 파악된다. 225국이란 명칭은 김정일이 대외연락부라는 대남공작부서의 개편을 지시한 날짜(2월25일)를 의미하는 것으로 추정된다. 225국의 전신은 1949년 창설된 연락부이며, 이후 문화부(1956), 문화연락부(1974), 대남연락부(1978), 사회문화부(1987), 대외연락부(1997) 등으로 개칭하여 오늘에 이르고 있다. 명칭만 보면, 간첩공작과는 무관한 부서처럼 보이나 실제는 60여 년간 대남간첩공작을 전개해온 핵심부서이다.[18]

225국의 임무는 공작원(간첩) 밀봉교육, 남파, 남한 내 지하당 구축공작, 동조세력 포섭, 국가기밀수집 등 간첩공작을 전담하는 주무 부서이다. 225국은 국내 또는 해외에서 남한혁명인자를 발굴·포섭하여 지하당을 구축하고 동조세력을 규합하는 공작에 주력하는데, 직접 남한 내 주사파와 같은 종북좌익세력과 반정부 인사들을 포섭하여 그들의 활동을 지원하고 한국사회의 교란을 획책하고 있다. 225국은 국내(한국)담당, 일본담당, 해외담당과 등으로 역할이 분담되어 있는데, 국내담당과에서 관리하는 왕재산같은 지하당조직만 해도 상당할 것으로 추정된다.

그동안 225국과 관련하여 적발된 간첩사건은 상당수 있는데, 1990년대 이후 사건만을 열거하면, 조선노동당 중부지역당(1992), 구국전위사건(1994), 부여검거간첩 김동식(1995), 울산검거 부부간첩(1997), 민족민주혁명당(1999), 일심회간첩단(2006) 및 왕재산간첩단(2011) 등이 있다.

다섯째, 통일전선부는 당 소속으로 남북대화 주관, 남북 교류협력

---

18) 유동열, "북한 225국과 왕재산간첩단", 월간 북한 2011년 10월호, 북한연구소, 2011.참조.

사업 주관, 조총련 및 해외교포 공작사업, 대남심리전 및 통일전선 공작 등을 전담하고 있다. 특히 이 부서는 종래 대남사업 담당비서 가 직접 통일전선부 부장을 겸임할 정도로 핵심적인 대남 공작부서 였으나, 2007년 대선 전망의 오류, 남북교류의 축소 등의 이유로 역 할이 축소된 것으로 알려지고 있다. 통일전선부에는 대남 심리전 및 남한관련 정보 및 자료를 분석, 연구하는 조국통일연구원(구 남조선 연구소)을 운영하고 있다.

또한 통일전선부는 조평통(조국평화통일위원회), 반제민전(반제 민족민주전선, 구 한민전), 해외동포원호위원회, 재북통일촉진협의 회, 조국전선(조국통일민주주의전선), 아태위(조선아세아태평양평 화위원회), 범민련(조국통일범민족연합), 범청학련(조국통일범청년 학생연합) 등을 운영하고 있다. 북한은 통일전선부의 이들 부서를 통해 국내 좌파권을 직·간접적으로 지도하고 있는데, 최근에는 반 제민전의 인터넷사이트인 '구국전선'과 조평통의 기관사이트인 '우 리민족끼리'를 통해 대남사이버공작을 대대적으로 전개하고 있다.

여섯째, 국가안전보위부와 조선인민군 보위사령부도 최근 자체적 으로 대남공작부서를 운영하고 있는 것으로 알려져 있다.

(2) 북한의 대남 사이버전담부서

북한의 사이버전담부서를 보면, 크게 ①사이버공작요원 양성 ② 사이버공작 연구 ③사이버공작 실행으로 역할 분담을 하고 있다.

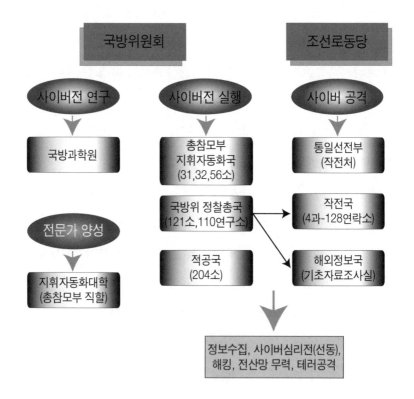

〈그림4〉 북한의 사이버공작 체계

①사이버공작요원 양성 및 연구부서

2010년 6월 8일 개최한 '제8회 국방정보보호 콘퍼런스'(국군기무사령부 주관)에서 국군기무사령관은 "북한은 인민학교에서부터 영재를 선발해 해커 군관으로 양성하는 등 비대칭 전력인 사이버 부대를 전략적 차원에서 육성 중에 있다"라고 말한 바 있다.

실제 북한은 소학교(구 인민학교, 우리의 초등학교 해당) 재학중인 학생들을 선발하여 평양 제1·2(고등)중학교 및 지방 영재학교 등에 '컴퓨터전문반'을 설치하고 사이버전문가를 양성한다.

중학교 1학년 때부터 '콤퓨터' 회로와 주변장치(1년에 80시간), C와 C++언어 프로그램 작성법(280시간), 윈도 조작체계(200시간) 등 과목부터 배우기 시작해 3~4학년 때는 '콤퓨터수학'(120시간), 리눅스 프로그램 작성법(180시간), 자료구조와 알고리즘(200시간) 등을 습득한다. 5~6학년 때는 자연언어 처리와 인공지능(160시간), 콤퓨터통신과 네트워크(140시간), 인공지능언어 (120시간) 등 이론과 실습을 모두 마친 뒤 졸업한다고 알려지고 있다.[19]

여기를 졸업한 우수학생들을 북한 내 IT전문대학인 김일성종합대학내 컴퓨터과학대학, 김책공업종합대학내 정보기술대학, 평양컴퓨터기술대학, 함흥컴퓨터기술대학 등에 입학시켜 사이버전문가를 양성한다.

이곳을 졸업한 정예학생들은 사이버공작 전문양성기관인 김일성군사대학, 지휘자동화대학(일명 미림대학, 현 김일정치군사대학), 모란봉대학 등에 소속되어 전문적으로 사이버공작 양성과정을 거치게 된다.

---

19) 탈북자 김흥광(전 함흥컴퓨터기술대학 교수) 증언.

〈표9〉 북한의 IT관련 개설대학

〈표9〉 북한의 IT관련 개설대학

대 학	개설 년도	정 원
김일성종합대학 컴퓨터과학대학	1997년	약 2,000명
김책공업종합대학 정보기술대학	1998년	약 3,000명
평양컴퓨터기술대학	1984년	약 1,000명
함흥컴퓨터기술대학	1984년	약 1,000명
이과대학 컴퓨터공학부	1985년	약 300명
KCC 정보기술대학	1999년	약 300명

출처: 김흥광(전 함흥컴퓨터기술대학 교수) 증언

첫째, 김일성군사종합대학은 대학내 1986년 5년제 전산과정을 신설하고 매년 1,000여명의 사이버전사를 양성한다. 이 대학은 북한군 총참모부 소속으로 북한군 고급 장교 양성을 위한 군사교육기관으로 소련군의 지원을 바탕으로 1952년 10월 개교한 고급군사학교를 모태로 하여 1956년 10월 25일 설립되었는데, 약칭하여 '김일성군사대'로 호칭한다. 학교의 위치는 평양의 만경대구역이다.

둘째, 김일 정치군사대학(구 지휘자동화대학, 일명 미림대학)은 북한군 총참모부 소속으로 1986년 김정일 지시로 평양 미림동에 설립되어, 일명 미림대학이라고 불리워 진다. 2000년 '조선인민군 지휘자동화대학'에서 '김일 정치군사대학'(조선인민군 144 부대)으로 명칭을 변경하였다.[20]

---

20) 김정일은 2000년 4월 동대학을 방문하여 '전자전,정보전 등 현대전에 필요한 전문가 양성'을 지기한 바 있다.

기본과정인 학부는 5년제이며 해마다 120여명의 졸업생을 배출한다. 정규과정은 전기공학·지휘자동화·프로그래밍·기술정찰·컴퓨터공학 등 5개 전문 분과로 이뤄져 있다. 특히 지휘자동화 과정에서는 남한의 조기경보 시스템을 교란할 해킹 기술을 집중적으로 가르친다. 대학원에 해당하는 연구 과정은 3년제로 운영된다.

학생들은 졸업 후 총참모부 정찰총국 산하 해킹 전문부대인 '121소' 등에 배치된다. 121소는 평양고사포사령부의 컴퓨터 명령체계와 적군 전파교란 등의 연구를 수행했고, 1998년부터는 해킹과 사이버전을 전담하고 있으며, 1,000여명의 사이버전사들이 2개의 전자전 여단에 소속돼 해킹 프로그램 개발과 연구 및 사이버 작전수행를 담당한다.[21]

셋째, 모란봉대학은 현재 국방위원회 정찰총국 소속으로 1997년 구 당 작전부(현 정찰총국 작전국)에 신설되어, 전산 정보처리·암호해독·해킹 등의 전문가를 양성하는 사이버공작 양성부서이다. 2000년대 이후 북한의 대남사이버전의 기술 개발은 '모란봉 대학' 출신들이 주도하고 있다고 알려지고 있다.

학제는 5년제이며 해마다 30명의 신입생을 선발, 입학 시기부터 인민군 '중위' 계급을 부여하고 전원 합숙생활을 한다. 2학년 과정까지는 무술, 사격 등 특수훈련이 병행되며 3학년부터 프로그램 언

---

21) 탈북자 장세율(미림대학 출신) 진술

어 습득, 통신감청, 암호해독, 해킹을 통한 정보획득 등의 훈련을 받는다.

모란봉대학 졸업생들은 전원 정찰총국 작전국이나 지역 대남연락소에 배치돼 한·미·일·중 등 주변 국가 정보기관과 군대를 대상으로 해킹을 통한 정보수집 및 프로그램 파괴 등 사이버테러 등을 담당하는 것으로 알려졌다. 2003년 1기 졸업생이 배출됐으며 약 200여 명 이상의 졸업생들이 정찰총국 및 모란봉 대학 교원으로 활동하고 있는 것으로 파악되고 있다. 일부는 외화벌이와 국제기술 훈련 차원에서 조선컴퓨터센터(KCC)소속으로 위장하여 중국에 파견되기도 한다고 알려지고 있다.

모란봉 대학은 현재까지 북한 해커의 총본산으로 알려져온 김일정치군사대학(일명 미림대학) 보다 장비와 기술, 교과체계가 앞서고 있으며, 정찰총국 내에서조차 그 실체가 알려지지 않을 정도로 인원과 장소가 극비리에 부쳐져 있다고 한다. 모란봉 대학은 노동당 3호 청사 맞은 편에 위치하고 있다.

이외 국방과학원 정보전연구소 등에서 사이버공작 및 사이버전을 전문적으로 연구하고 있다.

②사이버공작 실행부서

첫째, 국방위원회 직속 정찰총국 내 사이버전담부서로는 기술국 110연구소, 작전국 414연락소, 128연락소, 해외정보국의 기초자료

조사실 등이 있다.

이들 부서에서는 한국 각 영역에 대한 전략정보 수집, 국가공공망에 대한 디도스 공격 등 사이버테러 실행, 전담요원 해외파견 및 해외거점을 통한 사이버테러, 사이버간첩 교신 등의 실행을 전담하고 있다. 이번 농협전산망에 대한 테러도 동 부서에서 자행한 것으로 추정된다. 특히 북한의 사이버공작요원들은 중국의 흑룡강성, 산동성, 요령성 및 북경 등에 사이버공작 전진기지를 구축하고 대남사이버테러 등을 실행하고 있다. 2009년 7 · 7 사이버공격, 2011년 3 · 3 디도스공격, 4월 농협전산망 해킹 등을 자행한 것으로 알려져 있다.

둘째, 조선인민군 총참모부의 사이버전담부서는 총참모부 지휘자동화국(31소, 32소, 56소 등)과 적공국 204소 등이 있다. 동 부서에서는 한국군에 대한 정보수집을 위한 해킹, 한국군에 대한 역정보, 허위정보 확산 등 사이버심리전 전개, 군 지휘통신체계 교란 및 무력화 등 사이버전을 전문적으로 연구 · 실행한다.

셋째, 통일전선부는 작전처라는 사이버전담부서를 운영하며, 반제민전의 웹사이트인 〈구국전선〉과 조평통의 웹사이트인 〈우리민족끼리〉 등 외국에 서버를 둔 130여개의 친북사이트를 통해 국내 종북좌파세력과 연대하여 대남사이버심리전을 대대적으로 전개하고 있다.

통일전선부 사이버전담 부서에는 이른바 '댓글팀'을 운용하며 국내에서 입수한 개인정보를 활용, 국내 포탈사이트 등에 회원으로 가입하여 조작된 정보와 여론 등 유언비어와 흑색선전을 확산시켜 국론분열과 사회교란을 부추기고 있다. 또한 트위터, 유튜브, 페이스북 등과 같은 SNS(소셜네트워크서비스)를 활용한 심리전공작도 전개하고 있다.[22]

넷째, 225국(구 당 대외연락부)에서도 자체 사이버전담부서를 운영하며, 사이버를 통한 사이버드보크 개발 및 설치, 간첩지령, 대북보고 등 간첩교신 수단으로 활용하고 있다.

---

22) 유동열, "북한의 사이버테러에 대한 우리의 대응방안", 북한민주화네트워크 세미나자료집(2011.6.1.). 참조.

<표10> 북한의 대남사이버공작 기구

기능	부서		주요 임무
사이버요원 양성 및 연구	김일성 군사대학		● 1986년 개설, 5년제 전산과정 ● 1,000여명 사이버전사 양성
	김일 정치군사대학		● 1986년 미림대학, 지휘자동화대학 ● 전자전연구 및 사이버전사양성
	정찰총국 모란봉대학		● 정찰총국 작전국 소속 ● 사이버전 대비 전문가 양성
사이버공작 실행	총참모부	지휘 자동화국	● 군지휘통신 교란 등 전자전수행 ● 31소, 32소, 56소 운영
		적공국 204소	● 한국군대상 사이버심리전 전개 ● 역정보, 허위정보 유출
	총참모부	작전국 413,128 연락소	● 한국 및 해외정보 수집,해킹 ● 전담요원 해외파견, 사이버테러
		기술국 100연구소	● 구 기술정찰조(121+100) 확대 ● 한국 주요 정보 수집,해킹 ● 사이버테러(디도스공격)
		해외정보국 자료조사실	● 한국 전략정보 수집,해킹전담 ● 사이버전담요원 해외주재
	225국		● 한국 전략정보 수집,해킹전담 ● 사이버전담요원 해외주재
	당	통일전선부	● 대남 사이버심리전 전담 ● 1200여개 친북사이트 운영 ● 트위터,유튜브 등 SNS공작 ● 여론조작 댓글팀 가동 ● 남남갈등, 사회교란 시도

북한의 대남사이버공작
특징과 양상

가. 북한의 대남사이버공작의 특징

첫째, 북한은 국가적 차원에서 사이버심리전, 해킹을 통한 정보수집, 사이버테러 등 사이버공작을 실행하고 있다. 그러다 보니, 북한의 사이버역량은 세계적 수준으로 평가되고 있다. 사이버요원의 양성과정, 연구 및 기술 및 실행전략 개발과정, 사이버공작 등이 체계적으로 이루어져 있다. 북한이 사이버공작을 연구, 실행하는 목적은 앞서 지적한대로 대남적화혁명의 일환이다.

둘째, 북한의 대남공작부서 별로 사이버전담부서를 독립적, 기능별로 운영함으로서 사이버기술 개발, 사이버공작전술 개발 및 실행이 세분화, 전문화, 다각화되는 장점을 가지고 있다. 북한의 사이버테러가 시작되면 공격원점을 식별하는데도 상당한 어려움이 있다.

세째, 북한은 대남사이버공작을 온라인과 오프라인을 배합하여 실행한다. 가상공간에서의 테러에 그치는 것이 아니라, 직접 오프라인의 교란과 파괴를 추구한다. 예를 들어 2011년 4월 농협전산망의 해킹은 바로 농협전산망의 마비로 이어져 정상화되는 데는 4주 이상이 소요되었다. 또한 2008년 미국산쇠고기수입 반대투쟁 시에는 사이버공간을 통한 집중적인 대남선전선동과 국내 포탈사이트의 카페, 블로그, 게시판 등에 허위정보를 집중 게시하는 '댓글공세'를 통해 우리사회에 유언비어를 신속하게 유포시켜 사회혼란을 조성한 것들이 대표적 사례이다.

넷째, 북한의 대남사이버테러가 낮은단계에서 점차 높은단계 테러로 발전해가고 있다. 북한은 2009년 7·7 사이버대란과 2011년 3월 3일~5일에도 국내 40여개 공공망에 대한 D-dos 공격을 행한 바 있다. 특히 2011년 4월 12일 발생한 농협 전산망의 해킹과 농협 전산망 마비사태 등 외에도 각종 정보해킹 사건 등을 북한이 자행한 것으로 드러났다.

북한이 보여준 '공공망에 대한 디도스공격'(낮은단계 테러)이나 '농업 전산망 해킹'(중간단계 테러) 등은 향후 북한이 자행할 높은 단계의 대형 사이버테러의 예고편이라 할 수 있다.

다섯째, 북한의 대남사이버테러는 대부분 중국, 일본, 동남아, 유럽 등 해외서버를 통한 우회공작 등으로 원천적으로 추적을 어렵게 한다. 북한은 2009년 사이버공격시 61개국에 있는 435대 서버를 이용하여 공격명령을 지령하여 총35개 사이트를 공격한 이른바 7·7 사이버대란을 일으켰다. 2011년 3월 3일~5일에도 70여개 국 746대의 서버를 활용하여 국내 40여개 공공망에 대한 디도스 공격을 행한바 있다. 북한의 사이버테러 역량이 세계적 수준임을 알 수 있다.

여섯째, 북한은 심리전공작의 일환으로 사이버공간을 활용하는 이른바 '댓글공세' 등 대남사이버 심리전공작에 주력하고 있다. 사이버심리전이란 앞서 소개했지만 북한이 사이버공간을 활용하여 대남 적화혁명의 목표를 달성하기 위해 한국정부와 국민들의 여론, 감정, 태도, 행동 등을 북한 측에 유리하게 작용하도록 심리적인 영향력을 행사하는 일종의 '영향공작(Influencial Operation)'이며 내용에 있어 대남 선전선동전술이라 할 수 있다. 궁극적으로 우리 국민을 대상으로 북한의 대남혁명노선을 사상교양하고 이른바 남조선혁명 과업을 수행하도록 유도하는 행위라고 할 수 있다.

일곱째, 북한은 기존의 인터넷 공간 외에 최근 페이스북, 유튜브, 트위터, 모바일 문자메세지 등 SNS(Social Networking Service)를 활용한 사이버 심리전공작에 주력하고 있다. 이는 인터넷의 발달과 스마트폰 등 모바일 첨단기술화에 배경을 두고 있다. 북한의 사이버공작이 IT기술 발전에 대응하여 진화하고 있는 것이다.

북한은 40여개의 트위터계정을 개설하여 대남선동공세를 전개하고 있다.

나. 북한 대남사이버공작의 양상

최근 북한이 구사하는 대남 사이버 안보위해활동은 ①사이버 심리전(선전선동) ②사이버 정보수집 ③사이버테러 ④사이버통일전선 구축 ⑤사이버 간첩교신 등으로 집약된다.

(1) 사이버 심리전

최근 북한은 '2012년 강성대국 진입'에 초점을 맞추어, 대남적화전략의 일환으로 다방면의 사이버심리전을 전개하고 있다. 북한이 인터넷을 활용하여 대남대외선전을 개시한 것은 1996년경이다. 북한은 1996년 3월 해외 친북단체인 〈북미주 조국통일동포회의〉(미국 소재)를 통해 인터넷에 홈페이지를 개설하여 '조국통일의 방안과 경로에 관한 연구'라는 제목의 논문을 발표하고 한국정부의 통일방안을 비판하고 북한 측 통일방안을 선전한 바 있다. 이후 1996년 5월에는 캐나다 현지 거점을 통해 김정일 초상화와 함께 '위대한 수령 김정일 동지 만세'라는 표제의 홈페이지를 개설하고 본격적으로 인터넷을 활용한 북한체제의 우월성과 김일성. 김정일을 미화찬양하는 선전에 나선 바 있다.

이후 북한은 인터넷이 국내에서 커다란 관심과 호응을 불러 일으키고 있음을 감안하여, 1996년 말부터는 아예 북한이 해외에서 직접 운영하는 홈페이지를 개설하고 대대적인 선전에 주력하고 있다. 현재 북한이 해외에 개설해 놓은 인터넷사이트는 구국전선(반제민전

홈페이지), 우리민족끼리(조평통 홈페이지), 조선중앙통신, 류경, 내나라, 김일성방송대학, 백두넷 등 무려 130여 개에 달한다. 북한은 이들 친북사이트를 활용하여 북한노선을 정당화하고 선전선동하는 데 활용하고 있다. 특히 인터넷에서 '코리아'로 시작되는 인터넷 사이트를 추적해보면 대부분 북한관련 웹페이지이다. 우리사회에 레드바이러스(Redvirus)가 인터넷을 통해 급속히 확산되고 있는 사례이다. 최근에는 트위터, 페이스북, 유튜브 등 소셜네트워크서비스(SNS)를 활용한 대남심리전도 강화하고 있다.

〈표11〉 북한운영 해외 친북사이트 국가별 현황

국가	미국	일본	중국	독일	캐나다	스페인	태국	호주	네덜란드	체코	덴마크	뉴질랜드	핀란드	러시아	영국	프랑스	북한	폴란드	아르헨티나
134	53	33	19	4	2	2	2	1	1	1	1	1	1	1	1	8	1	1

출처: 경찰청, 2012.10.30 현재

북한의 대남 사이버심리전의 핵심기조와 방향은 ①찬(讚) 북한 ②반(反) 대한민국 ③반(反)미국 ④반(反) 자본주의 등으로 집약된다. 이를 살펴보면 다음과 같다. 대표적인 내용을 정리해보면 〈표12〉와 같다.

첫째, 북한 김정일정권을 미화, 찬양하고 북한의 사회주의의 우월성을 찬양, 선전하며 연방제통일론, 강성대국론, 주체사상, 선군노

〈표12〉 최근 북한의 대남사이버심리전 주요 내용

유 형	주요 내용	성 향
북한노선 찬양	<li>김일성, 김정일,김정은 미화,찬양</li><li>주체사상 및 선군노선, 강성대국론 찬양</li><li>북한체제의 우월성 선전</li><li>북한 연방제통일방안 선전(조국통일 3대헌장)</li><li>북한 대남투쟁노선(자주민주통일 실현, 미군철수,국가보안법 철폐, 반미반전, 조미 평화협정체결, 북미 불가침조약 체결, 통일인사 · 양심수 전원석방, 한미군사훈련 중지, 범민련 · 한총련 합법화, 보수우익세력 척결, 국정권 · 기무사 · 경찰 보수대 해체 등)</li><li>우리민족끼리, 민족공조</li><li>6.15공동선언 및 10.4선언 이행</li><li>북한핵문제, 미사일발사, 인권문제 옹호,선전</li><li>전쟁불사 협박공세</li><li>무조건적 남북대화 제의 등 위장평화공세</li><li>6.25 조국해방전쟁 등 선전</li>	찬 북한
한국비방중상, 협박	<li>이명박대통령 악성비방</li><li>현정부 제시책 왜곡비방(대북정책, 파병 등)</li><li>장관, 정치인 발언 등 비방</li><li>선거관련 투쟁구호 발표 및 대선개입 선동</li><li>천안함사건, 연평도사건 등에 대한 모략선동</li><li>대북전단 살포비방</li><li>전쟁불사 협박, 등록금투쟁 선동</li><li>대화제의 등 위장 평화공세</li><li>주요 국책사업(4대강 사업, FTA, 제주해군기지 건설 반대 등) 왜곡비방</li><li>남북비밀접촉 폭로 등 정치현안 중상</li><li>현정권 타도투쟁 선동</li><li>청와대 불바다 협박</li>	반 대한민국
반미의식 고취	<li>미국이 한반도 분단 원흉, 영구분단 고착화</li><li>주한미군 철수,반미반전</li><li>한미행정협정 파기, 한미공조 파기</li><li>유엔사 및 한미연합사 해체</li><li>미군기지 이전반대투쟁 선동</li>	반 미
자본주의 비방	<li>자본주의를 억압착취체제 등으로 악성비방</li><li>자본가에 대항한 노동자계급투쟁 선동</li><li>사회주의 우월성 선전</li><li>노동자가 주인이 되는 사회(공산주의) 건설 선동</li>	반 자본주의

선 등 북한노선을 선전선동하는 것이다. 둘째는 대한민국 정부와 정부시책을 왜곡비방, 모략중상하고 남남갈등을 조장하여 정권기반을 무력화하고 사회혼란을 조성하는 내용이다. 셋째는 미국을 한반도의 분단원흉, 통일과 평화의 방해자, 식민지영구화 세력으로 매도하고 북한의 주된 남침억지력인 미군의 철수 등을 선동하여 미국과 한국정부 및 국민을 이간질하는 반미의식고취와 투쟁선동에 주력하고 있다. 넷째는 대한민국의 자유시장 경제원리에 기반한 자본주의체제를 폄하하고 모략하며 체제를 전복시키려는 반자본주의와 친사회주의의식을 고취하는데 주력하고 있다.

이외에도, 2010년~2012년간 민간단체의 대북전단살포 비방, 군 총참모부 대변인 성명(선전포고 간주 무자비한 징벌), 서해상 긴장 고조 책임 전가와 평화수역 철회요구, 국보법사건 관련 조작비방, 키 리졸브, 림팩,을지 훈련 비방, 북한 급변사태 보도 비방, 청와대 불바다 협박 등을 선전선동한 바 있다.

(2) 사이버 정보수집(해킹)

북한은 예전 같으면 직파간첩이나 고정간첩을 통해 얻을 수 있는 정보를 이제는 대남사이버공작부서 요원이 평양이나 해외거점의 데스크에 앉아 매일 매시각 한국의 주요 국가기관망, 공공망, 상용포탈망 등에 접속하여 조직동향, 관련자료 등을 스크린하고 각종 정보를 손쉽게 수집, 탐지하고 있다.

북한은 대남공작기구 내의 사이버전담부서들은 필요한 정보수집을 위해 한국내 군기관, 국가기관, 공공망 등에 대한 해킹 등을 통해 광범위한 정보를 수집하고, 허위정보 및 역정보 유출하는 등의 공작을 전개하고 있다.

실제 청와대, 국회, 통일부, 외교부 등의 해킹사건에는 IP를 역추적해보면 북한임을 알 수 있다. 북한이 APNIC[23]에 등록한 IP주소는 모두 1,024개이다. 이들 IP를 이용하여 우회접속하여 사이버해킹 등을 자행하는 것이다.

대표적 해킹사례를 들면 2011년 11월 고려대 정보보호대학원 재학생과 졸업생 27명의 이메일 계정이 무더기로 해킹된 사건을 들수 있다. 동 사건을 추적중인 국가사이버안전센터는 이번 해킹이 북한측에 의한 것이라는 결론을 내렸다. 관계자는 "해킹에 이용된 악성코드를 분석한 결과 코드의 유형과 설계 구조가 북한에서 유포하는 악성 코드와 동일하다는 것을 확인했다"면서 "북한 해커들이 관련된 것으로 잠정 결론을 내리고 발신지를 추적하고 있다"고 말했다. 문제의 악성코드는 '참고.hwp'라는 이름의 한글 파일로 메일에 첨부돼 메일을 확인하면 컴퓨터에 저장돼 작동한다. 악성코드가 작동되면 컴퓨터의 자료와 이메일 내용이 해커에게 자동으로 전송된다.

---

23) APNIC(Asia Pacific Network Information Center)는 아시아-태평양 망정보센터의 약칭이다. 아시아, 태평양 지역에 대한 IP주소/AS번호할당 서비스를 제공하는 대륙 NIC이다. 우리나라의 KRNIC은 APNIC의 멤버로서 APNIC으로 부터 정기적으로 IP주소와 AS번호를 할당 받아, 이를 국내에 재분배하는 역할을 하고 있다.

북한이 해킹을 시도한 이유는 이 대학원을 졸업하면 대부분 국방부나 국정원 등 안보 기관이나 정보보안업계로 진출하기 때문인 것으로 보인다.

실제로 이번 해킹의 표적이 된 재학생과 졸업생들은 대부분 보안 정책 및 제도와 관련된 연구실에서 공부했던 것으로 밝혀졌다. 고려대 정보보호대학원은 2013부터 20명 정원의 사이버국방학과를 신설, 해커들의 공격을 방어하는 사이버전(戰) 전문 장교를 전문적으로 양성하는 역할을 맡게 된다. 사이버국방학과 학생들은 전원 국방부의 장학금을 받게 되며, 졸업 후 7년간 장교로 의무 복무하게 되어 있다. 또한 북한은 육사동창회 사이트를 해킹하여 전현직 군장교들의 이메일 파악하여, 해킹을 시도한 적도 있다. 또한 관련당국의 추적으로 확인했지만 2011년 필자가 회장으로 있는 자유민주연구학회의 상당수 임원 메일이 해킹 당한 적도 있다.

국내 사이버 보안업계에 따르면 페이스북 이메일로 위장해 '암호를 변경하라'는 제목의 악성코드가 2011년 10월 26일 국내에서 유포되기 시작했다. 2010년 4월경에도 페이스북으로 위장한 악성 코드 첨부 메일이 국내 발견된 데 이어 이번이 두 번째다. 유포된 페이스북 위장 악성코드 이메일 본문에는 페이스북 서비스팀 명의로 '당신의 페이스북 계정이 스팸 메일 발송에 사용돼, 페이스북에서 임시로 암호를 변경했다'는 내용을 담고 있다. 첨부 파일에는 'Facebook_details_ID(〈숫자 5자리).zip'이란 압축 파일이 존재하고 압축을 풀고 실행하면 워드 문서에 페이스북 로그인 아이디와 암호가 기록돼 있다. 하지만 메일의 압축 파일을 실행하면 악성코드에 감염되고 PC 로그인 정보와 FTP(File Transfer Protocol) 서버 주소를 러시아에 위치한 특정 시스템으로 전송, 해킹을 당한다.

이외에 2006년 청와대 해킹사건시 안보 및 군사당국자 상당수의 이메일 패스워드가 유출되어, 이메일을 통해 오간 보안자료와 인사상황 등 다수의 군사정보도 함께 새어나간 것으로 전해졌다. 당시 "2004년 이후 현재까지 북한이 해킹을 통해 최소 165만명에 달하는 남측 인사의 개인 신상정보를 빼낸 것으로 파악하고 있다"고 보도됐다. 유출된 이메일 패스워드의 당사자는 청와대 안보실과 국방부, 합동참모본부 등 주로 안보부처 당국자들였지만, 사실상 정부 중앙부처 거의 전 기관에 걸쳐 패스워드 해킹이 시도됐다.

특히 문제가 컸던 것은 그 폭발적인 증가속도. 한국원자력연구원 등 이전에는 해킹 시도가 많지 않았던 기관 인사들의 이메일 관련 정보조차 해커그룹에 유출됐던 것이다. 그 가운데 가장 폐해가 심각했던 연결고리는 다름 아닌 국회였다. 국회의원은 물론 보좌관과 비서관들이 국정감사나 대정부질의 등을 위해 국회 이메일로 정부 당국자들과 상당량의 자료를 주고받았던 것이다. 이들의 이메일 패스워드가 상당수 유출됨에 따라 관련 자료는 고스란히 북측으로 넘어간 것으로 추정된다.

2008년 2월 청와대 NSC 해킹 사건도 NSC 근무 직원의 부주의로 청와대 PC에 깔린 웜바이러스를 타고 일부 자료가 유출된 것이다. 당시 관계자들에 따르면 해킹은, 보안부서 근무경력이 짧았던 한 직원이 USB 저장장치를 이용해 청와대 NSC 사무처의 인터넷 검색용 PC에 정부자료를 옮겨 저장해 발생한 사건이었다. 강화된 보안절차로는 금지된 행위. 자료가 저장되자 잠복해있던 웜바이러스가 이를 카피해 외부로 유출한 것이었다. 2010~2011년 해킹과 통신업체, 포탈업체, 금융기관의 고객정보 관리부실 등으로 인해 6,325만건의 개인정보가 유출된 것으로 나타났다.

국회 국정감사자료에 의하면, 2011년 5,030만건, 2012년 상반기 1,295만건의 개인정보 유출이 발생한 것으로 파악됐다. 또한 지난 2008년부터 최근 5년간 국회 외교 · 안보 관련 상임위인 외교통상통일위원회와 국방위원회, 정보위원회 등의 소속 의원실 컴퓨터에 심어진 악성 코드으로 인해 자료가 유출 되는 등 138차례 해킹 당한 것으로 나타났다. 138차례의 해킹 중 국방위원회 소속 의원실은 63건으로 가장 많았고, 외통위 58건, 정보위 17건 등이었다.

특히, 북한의 대남공작부서인 정찰총국에 포섭돼 디도스 공격 악성코드를 담은 프로그램을 국내에 유통시킨 브로커가 검찰에 적발됐다. 2012년 6월 대전지검 천안지청과 국정원, 서울지방경찰청은 사행성게임 수입브로커 J씨를 붙잡아 국가보안법위반(회합 · 통신) 등으로 구속 기소했다. J씨는 북한 정찰총국과 연계해 북한 공작원으로 하여금 디도스 공격용 악성코드를 웹하드, 소셜네트워킹서비

<표13> 최근 주요 사이버해킹 사례

일 자	주요 내용
국가기관	● 청와대(2006), NSC(2008) ● 18대 국회 261건 해킹사고 ● 외교통상부 대외비문건 해탕의혹(2011) ● 통일부 해킹시도(2011)
공공망	● 한국원자력연구원, 세라믹기술원, 무역보험공사, 산업기술시험원, 한수원, 　가스공사 등 지경부 산하기관에 40여차례 북한의 해킹 시도(2011) ● 농협전산망(2010-2011)
일반망	● 고려대 정보보호대학원 이메일계정(2011.11) ● 육사동창회 사이트(2011) ● 페이스북 이메일위장 악성코드 유포(2011.10) ● 군관계자, 해킹메일 유포(2012.1) ● 북한 컴퓨터 전문가를 이용한 게임해킹(20110-2011) ● 네이트,싸이월드 300만명 고객정보 해킹(2011.7) ● 게임업체 넥슨의 회원 1320만명 개인정보 해킹(2011) ● TV조선, 중앙일보 서버 해킹(2012.6) ● 북 정찰총국 연계, 악성코드 유포(2012)

스(SNS)를 통해 유포하도록 도운 혐의를 받고 있다. J씨는 국내에서 사행성 게임을 제작하는 비용이 증가하자 적은 비용으로 프로그램을 만들 수 있는 중국 소재 조선인이나 북한인과 사업을 벌인 것으로 드러났다. 당국에 따르면 J씨는 2009년부터 중국 심양에서 북한 공작원과 접촉해 차명전화와 해외 메신저를 사용하는 등 당국의 수사망을 피해 총 70여회에 걸쳐 교신했다. 이들은 포커, 바카라 등 게임 설치시 디도스 공격용 악성코드를 함께 반입했고 북한 공작원이 이를 유포해 2700여대의 컴퓨터가 디도스 공격용 악성코드에 감염돼 '좀비PC'가 됐다.

2012년 6월에는 중앙일보와 TV조선 등 언론사들이 해킹을 당한 바 있다. 6월9일 오후 6시30분부터 중앙일보 뉴스사이트에 접속하면 입을 가리고 웃는 고양이 사진과 함께 녹색 코드가 나열된 화면이 떴다. 화면에는 '이스원이 해킹했다(Hacked by IsOne)'는 메시지와 함께 19, 29일 다른 언론사를 추가로 해킹할 계획임을 암시하는 문구가 적혀 있었다.

(3) 사이버 테러

북한은 2009년 61개국에 있는 435대의 공격명령 서버를 이용해 총35개 사이트를 공격한 이른바 7·7 사이버대란을 일으켰다. 당시 청와대·국방부·국회·한나라당·조선닷컴·네이버 및 주요 대형 인터넷 사이트 등이 사이버 테러에 의해 수 시간씩 장애가 발생했다. 또한 미백악관·국무부 등 정부사이트들도 동시 다발적으로 일시적 접속장애를 일으키는 인터넷 대란이 발생해 1,000만명 이상의 인터넷 가입자들이 해당 사이트에 접속하지 못해 큰 불편을 겪었다.

2011년 3월 3일~5일에도 70여개국 746대의 서버를 활용하여 국내 40여개 공공망에 대한 디도스 공격을 행한 바 있다. 북한의 사이버테러 역량을 과시한 사건이다.

특히 지난 4월 12일 발생한 농협 전산망의 해킹사건을 수사해온 사법당국은 5월 3일 수사결과 발표를 통해, 농협 전산망 마비사태가 북한에 의한 사이버테러라고 규정하였다.

북한의 사이버공작부서는 2010년 9월 이전에 웹하드에 악성코드와 해킹프로그램을 심어놓아 여기에 접속한 국내 200여개의 PC(파악된 통계)를 감염시켰고, 이중 하나가 농협전산망을 관리하는 직원의 노트북임을 파악하고 백도어 프로그램, 도청프로그램, 범행흔적 삭제프로그램 등을 추가 설치하여 7개월 이상 집중 관리한 끝에, 마침내 4월 12일 농협전산망 파괴 공격명령을 내려 1분 만에 농협전산망 전체서버 587개 가운데 273대를 파괴시켰고, 30분도 안되어 서버를 완전 다운시켜 농협 금융전산망이 마비되어 버린 초유의 사태가 벌어졌던 것이다. 이후 농협전산망이 완전 복구되기 까지는 무려 18일이나 소요되었다.

북한이 이번에 보여준 '공공망에 대한 디도스공격'(낮은단계 테러)이나 '농업 전산망 해킹'(중간단계 테러) 등은 향후 북한이 자행할 높은 단계의 대형 사이버테러의 예고편이다. 향후 예상되는 사이버테러는 공공망 및 국가기반망이다, 즉 전력망 등 에너지망, 금융망, 교통망, 수송망, 의료망, 교육망 등이다. 일부 사이버보안업체 관계자들은 2011년 9월 서울 일부지역에서 발생한 대규모 정전사태도 북한의 사이버테러로 보고 있다.

실제 세계에서 일어난 국가기간망에 대한 사이버 테러사건을 보면 다음과 같다. 1999년 6월 미국 워싱턴주 석유송유관 폭발사건, 2003년 8월 미국 동부지역 철도시스템 웜바이러스 감염 열차운행 중지사건, 2007년 8월 미국 캘리포니아 운하제어스템 악성프로그램 침투, 운하운영 마비사건, 2008년 1월 폴란드 트램교차로 불법조작, 트램이탈사고, 2009년 4월 미국 전력망 해킹 등 수 많은 국가기간망에 대한 사이버테러가 진행된 바 있다.

이와 같은, 사이버위협, 공격 등 사이버테러의 일반적 유형을 소개하면 다음과 같다.[24] 이는 컴퓨터 바이러스, 트로이목마(Trojan Horse attacks), 논리폭탄 공격(Bomb Attacks), 비동시성 공격(Asynchronous Attacks), 소프트웨어 오류(Software Flaws), 데이터 디들링(Data Diddling), Superzapping, IP 스푸핑(Spoofing), 웹 스푸핑, Spamming, Flooding, Pinging과 Denying Service, LANarchy, 전자폭탄(E-Mail Bomb), Herf Gun(전자기장 발생을 통해 자기기록을 훼손하는 효과적인 사이버무기), EMP Bomb(강한 전자기장을 내뿜어 국가통신시스템, 전략, 수송시스템, 금융시스템의 컴퓨터나 전자장비 등을 목표로 하여 사회인프라를 일순간 무력화시키는 무기), Nano Machine(개미보다 작은 로봇으로 목표 정보시스템센터에 배포되어, 컴퓨터 내부에 침투하여 전자회로기판을 작동불능케 함으로써 컴퓨터를 불능상태로 만드는 것으로, 하드웨어를 직접 대상으로 하는 무기) 등이 있다.[25]

---

24) 윤지환, 사이버범죄 수사방안에 관한 연구, 경찰청 국외훈련 연구보고서(2004.7), 13-23면.
25) 이미정 · 한승환, "사이버공간에서의 국가안보위협요인 및 대책방안", 국방연구 제48집 한국국방과학연구원, 2005.12, 47면.

(4) 사이버 통일전선 구축

북한은 사이버공간을 이용하여 광범위한 통일전선 구축공작[26]을 강화해오고 있다. 통일전선이란 북한이 대남혁명전술 중 가장 중요시하는 전술로 남한적화혁명을 위해 정권에 반대하는 우리 내부의 각계각층 세력을 연합하는 것인데, 상층·중층·하층통일전선으로 구분된다. 상층통일전선은 우리사회 정치,경제,종교계 등 지도층인사를 대상으로 하는 것이며, 중층 통일전선은 우리사회내 중간층을, 하층통일전선은 노동자, 농민, 청년학생 및 각계각층 민중들을 대상으로 하는 연합전술이다.

최근 북한은 상하층 통일전선공작을 더욱 정교화하게 구사하고 있는데, 북한이 최근에 1990년대 이후 간고한 노력끝에 구축에 성공한 상층·중층·하층을 연결하는 통일전선의 배합공작을 시도하고 있다. 북한이 구사하는 통일전선의 핵심키워드(keyword)는 '우리민족끼리', '우리민족제일주의', '민족대단결', 및 '민족공조'이다. 북한은 '민족'을 내세워, 국내에 친북반미(親北反美)전선을 구축하고 이를 통해 북한핵문제 해결의 '인질'로 한국국민을 활용하려는 술책을 구사하고 있다.[27]

2005년의 3대 민족공조(민족자주, 반전평화, 통일애국공조)과 2006년의 3대 애국운동(자주통일, 반전평화, 민족대단합운동),

---

26) 유동열, "북한의 통일전선론 체계와 구사실태", 북한학보 31집, 북한연구소, 2006, 63-196면 참조.
27) 유동열, 북한의 대남전략, 통일부 통일교육원, 2010. 28-34면.

2007년 3대 과업(민족중시, 평화수호, 단합실현), 2008년의 '우리민족끼리 힘을 합쳐 자주통일, 평화번영의 새시대를 열자'라는 구호, 2009년의 '6·15공동선언과 10·4선언 기치 높이들고 자주통일의 길로 힘차게 전진하자!'라는 구호, 2010년의 '북남공동선언의 기치 밑에 온민족이 단합하여 조국통일을 하루빨리 실현하자'라는 구호, 2011년의 '북과 남, 해외의 온 민족이 힘을 합쳐 자주통일의 새 국면을 열어나가자!', 2012년 "온겨레가 새로운 신심에 넘쳐 조국통일의 문을 열어나가자!"는 구호도 모두 통일전선차원의 선동구호이다. 이를 친북사이트와 연계된 국내 사이트에 집중 게재함으로써 대남통일전선 강화에 진력하고 있다.

실제, 국내의 사이버민족방위사령부, 세계 물흙길 연맹, 통일파랑새 등과 같은 종북카페가 사이버상에서 민간 친북통일전선을 구축한 대표적 사례이다.

(5) 사이버 간첩교신

최근 사이버공간을 활용한 북한의 간첩교신이 진화되고 있다. 국내에 직파된 간첩 및 장기간 암약하는 고정간첩들은 과거와 같이 무전기를 통한 대북보고나 무인포스트에 의존하지 않고도, 진일보한 방법으로 인터넷을 통해 간단하게 대북보고나 지령을 하달 받을 수 있게 되었다.

1998년 8월에 검거된 민혁당(민족민주혁명당) 총책 하영옥은 국내 PC방 이용 이메일로 총 11회 대북보고 및 지령을 하달받은 것으로 확인되었다. 1999년 5월에 적발된 범청학련 남측본부 정책실장 이우신 간첩사건을 보면, 이메일을 통해 160여 차례 대북보고를 하고 지령을 하달 받았음이 드러났다. 2006년 적발된 일심회 간첩사건에서도 인터넷을 통해 대북보고와 교신을 해왔음이 확인되었다. 일심회의 총책 장마이클은 호주, 미국 등 해외에 서버를 둔 이메일계정을 이용하여 국내 PC방을 통해 수십 차례에 걸쳐 국내정세 동향, 특정 정당의 주요당직자 신원 분석자료, 일부 시민사회단체의 반미활동 동향 등 국가기밀을 북한에 보고한 사실을 확인하였다. 또한 조직원 상호간 의사연락은 플로피디스켓을 사용하면서, 암호를 걸어 보안을 유지해온 것으로 밝혀졌다.[28]

2010년에는 사이버 꽃뱀간첩이 등장하기도 했다. 북한 국가안전보위부 소속의 김미화는 중국거점에서 사이버 화상채팅을 통해 국내 모 인사와 접촉하여 중국으로 유인, 성관계를 맺고 간첩으로 포섭하다가 적발된 적도 있다. 특히 북한의 대남공작부서에서는 이른바 '사이버 드보크(Syber Debok)'[29]란 신종 연락수단을 개발하여, 사이버상 도처에 드보크를 설치하여 간첩 간 연락수단으로 활용하고

---

28) 서울중앙지방검찰청, 일심회간첩사건 중간수사결과 발표문(2006.12.8), 2-4면, 동 사건에서 USB·PC·플로피 디스켓 등 저장장치 12종 1,097점 : 전체파일 15,765개, 문건파일 11,876개를 압수하였다.
29) 드보크란 러시아의 '두푸'(참나무)에서 유래된 것으로 2차세계대전 당시 참나무에 표식하여 물건이나 편지 등을 통해 연락수단으로 활용했던 것에서 연유된 공작용어로, 간첩들간 비밀리 숨겨놓은 연락전달 장소를 의미한다.

있다. 2010년 적발된 간첩 한춘길 사건에서 본격적으로 '사이버드보크'가 등장한 바 있다.

특히 최근 적발된 왕재산간첩단사건에서 처음으로 첨단 사이버교신프로그램인 '스테가노그라피(Staganography)'방식을 사용했음이 밝혀졌다. 스테가노그라피란 비밀메시지를 이미지, 오디오, 비디오 또는 텍스트 등 커버라 불리우는 다른 미디어에 숨겨서 전송하는 첨단 과학적 기법이다. 이 방식은 메시지를 숨기는 것은 물론 메시지 전송여부를 알지 못하게 하는데 목적이 있다.

왕재산간첩단의 대북연락책은 중국에 체류하는 북한 '225국' 연락책과 수시로 접선하면서 대북보고문이 저장된 USB 등과 북한에 대한 충성을 표시하는 선물 등을 전달하고 북한의 지령을 수령했으며 우리 수사망에서 자유로운 외국계 이메일을 이용하여 월 1회 또는 상황발생시 암호화된 대북보고문·지령문을 송·수신했음이 밝혀졌다. 이같은 대북보고문을 암호화하거나 지령문을 해독하는 첨단 소프트웨어는 북한에서 직접 개발한 것을 '225국'에서 지원받아 USB 등 디지털 매체에 저장, 간첩활동에 사용한 것으로 확인되었다. 이 방식은 2001년 알카에다가 9·11테러 공격의 준비와 실행시 사용한 것으로 알려져 있다.

이런 사실을 종합해 보건데, 현재까지는 북한이 인터넷공간을 이용하여 체제선전 등을 통한 친북심리전 전개, 대남 정보수집, 사이버테러 및 간첩교신의 수단으로 활용하고 있지만, 향후에는 국가안보망과 군사망을 무력화시키는 사이버전까지 감행할 가능성이 농후하다고 평가된다.

북한의 사이버상
흑색선전 사례

가. 북한의 대남흑색선전 논조

최근 북한이 사이버공간에서 구사하는 악성비방, 유언비어 및 허위사실 유포 등은 어제 오늘일이 아니며, 그동안 〈평양방송〉, 〈구국의 소리방송〉(민민전방송) 등 언론매체를 통해 연일 대남악성비방 선동을 해왔다. 그러나 1990년대 중반부터 인터넷공간을 활용하여 집중적으로 대남흑색선동을 해오고 있다. 아래 도표에서 보듯이 사이버공간을 활용한 북한의 대남선전선동이 지속적으로 증가하고 있음을 알 수 있다.

구분	계	1월	2월	3월	4월	5월	6월	7월	8월	9월	10월	11월	12월
2011년	27,090	1,191	1,691	2,084	2,198	2,019	2,234	2,177	2,398	2,007	2,420	3,816	2,856
2012년	35,436	3,692	3,246	4,183	3,297	3,193	4,013	4,030	3,278	3,131	3,373	2,897	-

출처: 경찰청, 2012년 11월말

북한이 개설한 130여개의 친북사이트를 활용하여 다방면의 대남 선전선동에 진력하고 있는데, 2011년 북한 통일전선부 소속 반제민 전 웹사이트인 〈구국전선〉과 조평통의 웹사이트인 〈우리민족끼리〉, 노동신문(인터넷판), 조선신보(인터넷판) 등에서 선동한 대표적 사례를 살펴보겠다.

북한의 대남악성비방 및 흑색선전 논조는 앞서 지적했듯이 친(親) 북한, 반(反)대한민국, 반(反)미국, 반(反)자본 등으로 집약되는데, 대한민국 정부와 정부시책을 왜곡비방, 모략중상하고 남남갈등을 조장하여 정권기반을 무력화하고 사회혼란을 조성하려는 것이다. 미국을 한반도의 분단원흉, 통일과 평화의 방해자, 식민지영구화 세력으로 매도하고 북한의 주된 남침억지력인 미군철수 등을 선동하여 미국과 한국정부 및 국민을 이간질하는 반미의식고취와 투쟁선동에 주력하고 있다.

북한의 흑색선전 내용을 보면, 대통령 비방중상, 대북정책, 제주해군기지 건설반대, 반FTA, 국가보안법, 미군철수, 인권문제, 한미관계, 노동투쟁, 선거개입선동 등 우리사회에 전반대해 집요한 대남악성비방과 흑색선전을 전개하고 있음을 알 수 있다.

나. 북한의 대남흑색선전과 안보위해세력 선동 비교사례

아래의 비교표는 북한이 사이버상에서 전개하는 대남흑색선전을 국내 안보위해세력이 그대로 수용하여 선동하고 있는 사례이다.

아래 내용은 2011년 1월부터 12월까지 북한의 주요 언론매체인 노동신문(인터넷판), 조선신보(인터넷판)와 북한의 반제민전 웹사이트인 〈구국전선〉과 조평통의 웹사이트인 〈우리민족끼리〉 등에서 선동하는 대표적 사례와 한총련, 범민련 남측본부, 실천연대 등 국내 안보위해세력이 자체 사이트에 게재 선동한 내용을 비교분석한 것이다.[30] 비교표를 보면 북한의 대남흑색선전과 국내 안보위해세력의 선동이 발표시점만 다른 채 완전 일치함을 보여준다.

---

30) 동 비교표는 경찰청자료집(인터넷불법선전물분석, 2011)을 발췌하여 편집한 것임.

〈표15〉 북한의 대남흑색선전과 안보위해세력의 선동 비교

북한의 대남선동	안보위해세력의 선동
죄악으로 얼룩진 반역패당의 2010년 (2) (2011. 1. 4 우리민족끼리) - 보수집권패당은 지난 수십년간 인민들이 피어린 투쟁으로 쟁취한 민주화의 초보적인 열매들을 무참히 짓밟고 남조선땅에 파쑈독재시대를 부활시킨 민주주의 말살의 주범이다. - 보수패당이 제아무리 《민주주의》타령을 늘어놓아도 그에 귀기울일 사람은 없으며 그것은 오히려 리명박패당의 반민주적작태만을 더더욱 드러내고 파멸을 촉진하게 될 뿐이다.	**죄악으로 얼룩진 반역패당의 2010년 (2) (2011. 1. 5 한총련)** - 보수집권패당은 지난 수십년간 인민들이 피어린 투쟁으로 쟁취한 민주화의 초보적인 열매들을 무참히 짓밟고 남조선땅에 파쑈독재시대를 부활시킨 민주주의말살의 주범이다. - 보수패당이 제아무리 《민주주의》타령을 늘어놓아도 그에 귀기울일 사람은 없으며 그것은 오히려 리명박패당의 반민주적작태만을 더더욱 드러내고 파멸을 촉진하게 될 뿐이다.
진보개혁세력은 연대연합하여 조국통일운동을 활성화하자 (2011. 1. 4 구국전선) - 최근 보수패당과 군부 호전광들이 연평도 일대에서 연이어 감행한 포사격 훈련은 우리 민중에게 6.15공동선언과 10.4선언을 고수이행하지 못한 결과가 얼마나 참혹하고 값비싼 댓가를 치르게 되었는가 하는 것을 다시금 깨닫게 하고 있다. - 모든 통일운동단체들과 각계 애국민중은 『북과 남, 해외의 온 민족이 힘을 합쳐 자주통일의 새 국면을 열어나가자』라는 구호를 높이 들고 올해 자주, 민주, 통일을 위한 투쟁을 더욱 힘있게 벌여 나가야 할 것이다.	**진보개혁세력은 연대연합하여 조국통일운동을 활성화하자 (2011. 1. 10 한총련)** - 최근 보수패당과 군부 호전광들이 연평도 일대에서 연이어 감행한 포사격 훈련은 우리 민중에게 6.15공동선언과 10.4선언을 고수이행하지 못한 결과가 얼마나 참혹하고 값비싼 댓가를 치르게 되었는가 하는 것을 다시금 깨닫게 하고 있다. - 모든 통일운동단체들과 각계 애국민중은 『북과 남, 해외의 온 민족이 힘을 합쳐 자주통일의 새 국면을 열어나가자』라는 구호를 높이 들고 올해 자주, 민주, 통일을 위한 투쟁을 더욱 힘있게 벌여 나가야 할 것이다.
무엇을 위한 예비군무력동원인가 (2011. 1. 18 우리민족끼리) - 남조선미국합동군사연습들에 참가하게 될 예비군무력은 《유사시》병력보충을 목적으로 한 《정밀보충대》로서 사상처음으로 이러한 대규모합동전쟁연습에 참가하게 된다고 한다. 남조선군부당국은 지난해에 《정밀보충대》를 30개 대대규모로 꾸린데 이어 올해에는 9개 대대를 추가로 더 창설하며 《M-16A1》소총과 방탄철갑모, 방독면 등 현역부대 사병들이 쓰는 전투장구류들까지 보급할 계획이라고 떠들고 있다. - 남조선군부호전광들은 내외의 여론과 시대의 지향에 역행하여 전쟁의 불구름을 몰아오려는 무분별한 북침전쟁책동을 당장 걷어치워야 할 것이다.	**무엇을 위한 예비군무력동원인가 (2011. 1. 22 한총련)** - 남조선미국합동군사연습들에 참가하게 될 예비군무력은 《유사시》병력보충을 목적으로 한 《정밀보충대》로서 사상처음으로 이러한 대규모합동전쟁연습에 참가하게 된다고 한다. 남조선군부당국은 지난해에 《정밀보충대》를 30개 대대규모로 꾸린데 이어 올해에는 9개 대대를 추가로 더 창설하며 《M-16A1》소총과 방탄철갑모, 방독면 등 현역부대 사병들이 쓰는 전투장구류들까지 보급할 계획이라고 떠들고 있다. - 남조선군부호전광들은 내외의 여론과 시대의 지향에 역행하여 전쟁의 불구름을 몰아오려는 무분별한 북침전쟁책동을 당장 걷어치워야 할 것이다.

북한의 대남선동	안보위해세력의 선동
침략적인 《키 리졸브》,《독수리》합동군사 연습에 단호한 대응으로 맞실 것이다 ('11. 2. 28 노동신문) – 내외의 강력한 항의와 규탄에도 불구하고 미제와 남조선괴뢰호전광들은 민족적합의와 정전협정도 안중에 없이 끝끝내 우리 공화국을 반대하는 《키 리졸브》,《독수리》합동군사연습을 강행하는 길에 들어섰다.	**침략적인 《키 리졸브》,《독수리》합동군사연습에 단호한 대응으로 맞설 것이다 ('11. 3. 2 한총련)** – 내외의 강력한 항의와 규탄에도 불구하고 미제와 남조선괴뢰호전광들은 민족적합의와 정전협정도 안중에 없이 끝끝내 우리 공화국을 반대하는 《키 리졸브》,《독수리》합동군사연습을 강행하는 길에 들어섰다.
미군과 고엽제 (2011. 6. 3 조선신보) – 미군이 고엽제를 비롯한 극독물들을 조선전쟁시기부터 개발, 사용하고 주로 60~70년대에 걸쳐 남녘땅 여기저기에 대량 폐기하거나 살포한 것은 우리 민족에 대한 또 하나의 큰 전쟁범죄, 인도에 대한 죄다.	**《메아리》 미군과 고엽제 (2011. 6. 4 한총련)** – 미군이 고엽제를 비롯한 극독물들을 조선전쟁시기부터 개발, 사용하고 주로 60~70년대에 걸쳐 남녘땅 여기저기에 대량 폐기하거나 살포한 것은 우리 민족에 대한 또 하나의 큰 전쟁범죄, 인도에 대한 죄다.
가장 현명한 조국통일방안 (2011. 5. 24 구국전선) – 변혁운동가들과 각계 애국민중은 내외분열주의 세력의 온갖 반통일궤변으로부터 우리 민족끼리 이념을 철저히 고수하며 그 정신으로 자주통일을 이룩하려는 애국의 열정과 기상이 경향각지에 차넘치게 해야 한다. – 또한 우리 민족끼리 이념에 기초하여 민족공조의 시대적 흐름을 더욱 추동하며 조국통일운동을 자주와 단합에 기초한 전민중적 애국운동으로 확고히 지향시켜야 한다.	**가장 현명한 조국통일방안 (2011. 6. 4 한총련)** – 변혁운동가들과 각계 애국민중은 내외분열주의 세력의 온갖 반통일궤변으로부터 우리 민족끼리 이념을 철저히 고수하며 그 정신으로 자주통일을 이룩하려는 애국의 열정과 기상이 경향각지에 차넘치게 해야 한다. – 또한 우리 민족끼리 이념에 기초하여 민족공조의 시대적 흐름을 더욱 추동하며 조국통일운동을 자주와 단합에 기초한 전민중적 애국운동으로 확고히 지향시켜야 한다.
범민련 북측본부 대변인 담화 (2011. 7. 18 조선중앙통신) – 최근 남조선의 리명박역적패당은 괴뢰정보원과 보안수사대를 내몰아 그 무슨 《북의 지령》을 받아 《간첩활동과 지하당건설》을 하였다는 터무니없는 감투를 씌워 로동계, 정계, 학계 인사 10여명의 집과 사무실들을 강제수색한데 이어 그중 1명을 악명높은 《보안법》에 걸어 체포구속하는 파쑈적폭거를 감행하였다.	**범민련 북측본부 대변인 담화 (2011. 7. 18 범민련남측본부)** – 최근 남조선의 리명박역적패당은 괴뢰정보원과 보안수사대를 내몰아 그 무슨 《북의 지령》을 받아 《간첩활동과 지하당건설》을 하였다는 터무니없는 감투를 씌워 로동계, 정계, 학계 인사 10여명의 집과 사무실들을 강제수색한데 이어 그중 1명을 악명높은 《보안법》에 걸어 체포구속하는 파쑈적폭거를 감행하였다.

북한의 대남선동	안보위해세력의 선동
전대미문의 파쑈악법인 《보안법》으로 남조선을 최악의 인권불모지로 전락시킨 괴뢰역적패당의 죄악을 고발한다 (2011. 7. 22 노동신문)	전대미문의 파쑈악법인 《보안법》으로 남조선을 최악의 인권불모지로 전락시킨 괴뢰역적패당의 죄악을 고발한다 (2011. 7. 23 범민련남측본부)
－ 《보안법》은 남조선 각계층의 집회, 시위, 롱성도 파쑈독재통치에 조금이라도 저촉되면 《반국가단체》에 유리한 《회합, 통신, 련락을 위한 장소 제공》, 《불법란동》, 《불법집회》로 몰아 범죄시하여 탄압의 대상으로 삼고 있다.	－ 《보안법》은 남조선 각계층의 집회, 시위, 롱성도 파쑈독재통치에 조금이라도 저촉되면 《반국가단체》에 유리한 《회합, 통신, 련락을 위한 장소 제공》, 《불법란동》, 《불법집회》로 몰아 범죄시하여 탄압의 대상으로 삼고 있다.
－ 만일 리명박역적패당이 내외의 한결같은 요구에 도전하여 반인권, 반민족, 반통일파쑈악법인 《보안법》을 계속 끼고 휘두르는 길로 나간다면 온 민족과 전세계인민들로부터 더 큰 규탄과 배격을 받게 될것이며 저들의 자멸을 앞당기는 비참한 결과만을 가져오게 될 것이다.	－ 만일 리명박역적패당이 내외의 한결같은 요구에 도전하여 반인권, 반민족, 반통일파쑈악법인 《보안법》을 계속 끼고 휘두르는 길로 나간다면 온 민족과 전세계인민들로부터 더 큰 규탄과 배격을 받게 될것이며 저들의 자멸을 앞당기는 비참한 결과만을 가져오게 될 것이다.
조선인민군 판문점 대표부 미국과 남조선당국에 보내는 공개서한 (2011. 8. 8 우리민족끼리)	조선인민군 판문점 대표부 미국과 남조선당국에 보내는 공개서한 (2011. 8. 9 범민련남측본부)
－《을지 프리덤 가디언》 합동군사연습은 이러한 북침전쟁광기의 연장이다. 그것은 미국, 남조선군부호전세력들이 새롭게 수정 보충한 북침전쟁각본에 따라 벌어지는 이 합동군사연습이 위험천만한 전쟁행위이고 보다 갱신된 핵타격수단들을 포함한 현대적인 전쟁장비들과 방대한 침략무력, 지어는 남조선의 지방행정기관들과 민간업체들까지 총동원되는 전면적인 핵전쟁연습이기 때문이다.	－《을지 프리덤 가디언》 합동군사연습은 이러한 북침전쟁광기의 연장이다. 그것은 미국, 남조선군부호전세력들이 새롭게 수정 보충한 북침전쟁각본에 따라 벌어지는 이 합동군사연습이 위험천만한 전쟁행위이고 보다 갱신된 핵타격수단들을 포함한 현대적인 전쟁장비들과 방대한 침략무력, 지어는 남조선의 지방행정기관들과 민간업체들까지 총동원되는 전면적인 핵전쟁연습이기 때문이다.
북남군사실무회담 북측 단장/ 남조선 군부호전광들이 꾸며낸 포사격사건의 진상을 폭로 (2011. 8. 10 조선중앙통신)	북남군사실무회담 북측 단장/ 남조선 군부호전광들이 꾸며낸 포사격사건의 진상을 폭로 (2011. 8. 11 범민련남측본부)
－ 남조선호전분자들은 모략소동에 진실성을 부여하기 위해 긴급히 서해 5개섬 부근에 전투함선들을 증강하고 전투기들을 출동시켰으며 전연경계부대에 합동경계태세를 하달하는 것과 동시에 고기잡이에 나갔던 남측 어선들을 모두 귀환시키고 주민들을 대피소로 몰아넣는 등 복덕소동까지 일으켰다.	－ 남조선호전분자들은 모략소동에 진실성을 부여하기 위해 긴급히 서해 5개섬 부근에 전투함선들을 증강하고 전투기들을 출동시켰으며 전연경계부대에 합동경계태세를 하달하는 것과 동시에 고기잡이에 나갔던 남측 어선들을 모두 귀환시키고 주민들을 대피소로 몰아넣는 등 복덕소동까지 일으켰다.
－ 이번 사건을 통해 다시금 명백해진 것은 남조선당국, 특히 군부호전세력들이야말로 동족대결을 위해서라면 그 무엇도 서슴지 않는 모략날조의 능수들이라는 것이다. 범죄자들은 온 겨레의 준엄한 심판을 면치 못할 것이다.	－ 이번 사건을 통해 다시금 명백해진 것은 남조선당국, 특히 군부호전세력들이야말로 동족대결을 위해서라면 그 무엇도 서슴지 않는 모략날조의 능수들이라는 것이다. 범죄자들은 온 겨레의 준엄한 심판을 면치 못할 것이다.

북한의 대남선동	안보위해세력의 선동
[보도] 북남장령급군사회담 북측 대표단 단장 남측은 조성된 정세를 똑바로 보고 현명하게 처신해야 할것이라고 경고 (2011. 10. 8 우리민족끼리) – 우리 군대와 인민은 지금까지 치솟는 분노를 누르며 남측이 무엇을 노리고 어떻게 무모하게 놀아대고 있는가를 각성있게 주시하여왔다. – 우리 군대와 인민은 이미 세상에 천명한대로 남측의 계속되는 도발적인 전쟁행위에 부득불 물리적으로 대응하지 않으면 안되게 되여있으며 그에 따른 만단의 태세를 갖추고 있음을 다시금 상기시킨다. 남측은 조성된 사태를 똑바로 보고 화해와 협력이냐, 아니면 물리적대결이냐 하는 심각한 갈림길에서 현명한 선택을 하여야 할것이다.	남측은 조성된 정세를 똑바로 보고 현명하게 처신해야 할 것 경고 (2011. 10. 12 범민련남측본부) – 우리 군대와 인민은 지금까지 치솟는 분노를 누르며 남측이 무엇을 노리고 어떻게 무모하게 놀아대고 있는가를 각성있게 주시하여왔다. – 우리 군대와 인민은 이미 세상에 천명한대로 남측의 계속되는 도발적인 전쟁행위에 부득불 물리적으로 대응하지 않으면 안되게 되여있으며 그에 따른 만단의 태세를 갖추고 있음을 다시금 상기시킨다. 남측은 조성된 사태를 똑바로 보고 화해와 협력이냐, 아니면 물리적대결이냐 하는 심각한 갈림길에서 현명한 선택을 하여야 할것이다.
《한나라당》세력이 들씌운것은 불행과 고통뿐이다 (2011. 10. 24 노동신문) – 《한나라당》은 지난 거의 10년동안 서울시장자리를 차지하여왔다. 이 나날 《한나라당》이 펴는 반인민적 정치의 쓴맛을 볼대로 본 서울시민들은 이제는 이 반역당이 시장자리에서 손을 뗄 때가 되였다고 한결같이 입을 모으고 있다. – 사실 《한나라당》세력은 서울시장《선거》에 나설 체면도 없다. 지금껏 그들이 서울시장자리를 차지하고 한 일이란 근로인민들에게 불행과 고통을 들씌운것이다.《한나라당》이 또다시 서울시장직을 차지할 경우 인민들의 불행과 고통은 더욱 가중되게 될것이다. 지금 남조선 각계가 서울시장직을 《한나라당》이 아닌 민주개혁세력의 인물이 차지하여야 한다고 주장하고 있는 것은 당연한 것이다.	《한나라당》세력이 들씌운것은 불행과 고통뿐이다 (2011. 10 .27 범민련남측본부) – 《한나라당》은 지난 거의 10년동안 서울시장자리를 차지하여왔다. 이 나날 《한나라당》이 펴는 반인민적정치의 쓴맛을 볼대로 본 서울시민들은 이제는 이 반역당이 시장자리에서 손을 뗄 때가 되였다고 한결같이 입을 모으고 있다. – 사실 《한나라당》세력은 서울시장《선거》에 나설 체면도 없다. 지금껏 그들이 서울시장자리를 차지하고 한 일이란 근로인민들에게 불행과 고통을 들씌운것뿐이다.《한나라당》이 또다시 서울시장직을 차지할 경우 인민들의 불행과 고통은 더욱 가중되게 될것이다. 지금 남조선 각계가 서울시장직을 《한나라당》이 아닌 민주개혁세력의 인물이 차지하여야 한다고 주장하고 있는 것은 당연한 것이다.
《선거》를 둘러싼 시정배들의 리해관계 (2011. 10. 24 노동신문) – 서울시장후보로 라경원을 내세운 《한나라당》은 지금 그에 대한 지원에 모든 힘을 집중하면서 부산을 피우고 있다. – 《한나라당》은 출세와 공명. 권력욕에 환장한 정치간상배들이 득실거리는 썩은 정치의 오물장이다. 권력야망을 실현하기 위해 서로 손을 잡기도 하고 서슴없이 해치기도 하는 이런 추악한 시정배들이 남조선정계에 틀고 앉아있는 자체가 비극이 아닐 수 없다.	《선거》를 둘러싼 시정배들의 리해관계 (2011. 10. 27 범민련남측본부) – 서울시장후보로 라경원을 내세운 《한나라당》은 지금 그에 대한 지원에 모든 힘을 집중하면서 부산을 피우고 있다. – 《한나라당》은 출세와 공명. 권력욕에 환장한 정치간상배들이 득실거리는 썩은 정치의 오물장이다. 권력야망을 실현하기 위해 서로 손을 잡기도 하고 서슴없이 해치기도 하는 이런 추악한 시정배들이 남조선정계에 틀고 앉아있는 자체가 비극이 아닐 수 없다.

북한의 대남선동	안보위해세력의 선동
민족의 단합은 평화와 통일의 근본열쇠 (2011. 10. 23 노동신문) – 민족의 대단합을 실현하는것은 조국통일을 위한 우리 민족의 기본투쟁과제이다. 얼마전 6.15공동선언실천 민족공동위원회는 10.4선언발표 4돐을 맞으며 발표한 호소문에서 해내외의 각계각층이 북남공동선언의 기치밑에 전민족적단합을 추동해나가야 한다고 강조하였다. 이것은 민족의 화합과 나라의 평화, 통일을 간절히 바라는 우리 민족의 의사와 념원을 반영한것으로 하여 해내외 온 겨레의 열렬한 환영을 받고있다. – 단결된 민족의 힘은 그 무엇으로도 당해낼 수 없으며 민족자주와 애국애족의 기치밑에 굳게 뭉쳐나가는 전민족적인 조국통일운동의 전진은 그 어떤 힘으로도 가로막을 수 없다.	**민족의 단합은 평화와 통일의 근본열쇠 (2011. 10. 27 범민련남측본부)** – 민족의 대단합을 실현하는것은 조국통일을 위한 우리 민족의 기본투쟁과제이다. 얼마전 6.15공동선언실천 민족공동위원회는 10.4선언발표 4돐을 맞으며 발표한 호소문에서 해내외의 각계각층이 북남공동선언의 기치밑에 전민족적단합을 추동해나가야 한다고 강조하였다. 이것은 민족의 화합과 나라의 평화, 통일을 간절히 바라는 우리 민족의 의사와 념원을 반영한것으로 하여 해내외 온 겨레의 열렬한 환영을 받고있다. – 단결된 민족의 힘은 그 무엇으로도 당해낼 수 없으며 민족자주와 애국애족의 기치밑에 굳게 뭉쳐나가는 전민족적인 조국통일운동의 전진은 그 어떤 힘으로도 가로막을 수 없다.
〈자유무역협정〉체결책동을 통해 본 매국노들의 정체 (2011. 10. 23 노동신문) – 지금 남조선보수패당은 미국과의 《자유무역협정》체결책동에 대한 각계의 반발이 날로 거세여지자 바빠맞은 나머지 피해가 예상되는 분야들에 대한 그 무슨 《보완대책》을 마련한다고 생색을 내고있다. 하지만 그것으로는 남조선미국《자유무역협정》으로 입게 될 근로인민들의 피눈물나는 고통을 결코 해소할 수 없다.	**〈자유무역협정〉체결책동을 통해 본 매국노들의 정체 (2011. 10. 27 범민련남측본부)** – 지금 남조선보수패당은 미국과의 《자유무역협정》체결책동에 대한 각계의 반발이 날로 거세여지자 바빠맞은 나머지 피해가 예상되는 분야들에 대한 그 무슨 《보완대책》을 마련한다고 생색을 내고있다. 하지만 그것으로는 남조선미국《자유무역협정》으로 입게 될 근로인민들의 피눈물나는 고통을 결코 해소할 수 없다.
친미사대분자의 수치스러운 반역행각 (2011. 10. 22 노동신문) – 얼마전 남조선집권자가 미국을 행각하여 온 민족을 경악케 하는 낯뜨거운 광대극을 또다시 연출하였다. 하지만 그에 대해서는 일언반구도 없이 미국에 발라맞추기를 하는데만 급급하였다. 이것이 과연 집권자로서 할짓인가. 제 집안에서 민심을 다 잃고 궁지에 몰린 남조선집권자가 상전에게 잘 보이고 그에 의거하여 잔명을 부지하려 한 모양인데 참으로 가련하다. – 남조선집권자가 상전에게 붙어 위기를 모면해보려고 타산하는 것은 어리석은 망상이다. 남조선의 분노한 민심은 미국도 어쩌지 못한다. 남조선집권자는 미국의 옷자락에 아무리 매달려도 상전이 자기를 지켜줄 수 없다는 것을 알아야 한다.	**친미사대분자의 수치스러운 반역행각 (2011. 10. 27 범민련남측본부)** – 얼마전 남조선집권자가 미국을 행각하여 온 민족을 경악케 하는 낯뜨거운 광대극을 또다시 연출하였다. 하지만 그에 대해서는 일언반구도 없이 미국에 발라맞추기를 하는데만 급급하였다. 이것이 과연 집권자로서 할짓인가. 제 집안에서 민심을 다 잃고 궁지에 몰린 남조선집권자가 상전에게 잘 보이고 그에 의거하여 잔명을 부지하려 한 모양인데 참으로 가련하다. – 남조선집권자가 상전에게 붙어 위기를 모면해보려고 타산하는 것은 어리석은 망상이다. 남조선의 분노한 민심은 미국도 어쩌지 못한다. 남조선집권자는 미국의 옷자락에 아무리 매달려도 상전이 자기를 지켜줄 수 없다는 것을 알아야 한다.

북한의 대남선동	안보위해세력의 선동
진보와 보수와의 치렬한 대결전 (2011. 10. 22 노동신문) - 남조선에서 10월 26일에 진행되게 될 서울시장《선거》를 앞두고 각 정치세력들사이의 대결이 날로 치렬해지고 있다. 이번 《선거》는 민주개혁세력과 보수세력사이의 생사를 건 판가리싸움으로 되고있다. - 《선거》를 앞두고 진보세력의 단합과 활동이 강화되는데 겁을 먹은 《한나라당》패거리들은 야권의 후보단일화에 대해 《야합》이니 뭐니 하고 비난하는 한편 박원순후보를 헐뜯는 비방선전에 열을 올리고있다.	**진보와 보수와의 치렬한 대결전 (2011. 10. 27 범민련남측본부)** - 남조선에서 10월 26일에 진행되게 될 시울시장《선거》를 앞두고 각 정치세력들사이의 대결이 날로 치렬해지고 있다. 이번 《선거》는 민주개혁세력과 보수세력사이의 생사를 건 판가리싸움으로 되고있다. - 《선거》를 앞두고 진보세력의 단합과 활동이 강화되는데 겁을 먹은 《한나라당》패거리들은 야권의 후보단일화에 대해 《야합》이니 뭐니 하고 비난하는 한편 박원순후보를 헐뜯는 비방선전에 열을 올리고있다.
추악한 권력야심가들의 집합체 (2011. 10. 22 노동신문) - 친리계와 친박계 그리고 소장파로 갈라져 물고뜯는 《한나라당》내부의 갈등과 대립은 실로 심각하다. 친리계속에도 집권자패, 리상득패, 리재오패 등 갈래가 복잡하고 친박계도 또 무슨무슨 패로 갈라져있으며 소장파에도 인물이 각각이다. - 당시 《한나라당》의 《전통적인 터밭》인 동시에 박근혜의 지지기반으로 되는 경주지역에서 자기 파 인물을 당선시켜 박근혜파의 영향력을 거세하려는 친리계와 전통적인 지지기반을 고수하려는 친박계와의 대결은 치렬하였다. 그러던중 친리계가 친박계후보에게 후보출마를 포기하라고 압력을 가한 사실이 드러났다.	**추악한 권력야심가들의 집합체 (2011. 10. 27 범민련남측본부)** - 친리계와 친박계 그리고 소장파로 갈라져 물고뜯는 《한나라당》내부의 갈등과 대립은 실로 심각하다. 친리계속에도 집권자패, 리상득패, 리재오패 등 갈래가 복잡하고 친박계도 또 무슨무슨 패로 갈라져있으며 소장파에도 인물이 각각이다. - 당시 《한나라당》의 《전통적인 터밭》인 동시에 박근혜의 지지기반으로 되는 경주지역에서 자기 파 인물을 당선시켜 박근혜파의 영향력을 거세하려는 친리계와 전통적인 지지기반을 고수하려는 친박계와의 대결은 치렬하였다. 그러던중 친리계가 친박계후보에게 후보출마를 포기하라고 압력을 가한 사실이 드러났다.
파쑈폭압은 독재《정권》의 출로로 될수 없다 (2011. 10. 22 노동신문) - 서울시장《선거》가 박두한 지금 남조선에는 살벌한 파쑈정국이 조성되고 있다. 사회의 민주화와 개혁, 북통일을 주장하는 진보적단체들과 인사들이 매일같이 탄압처형당하고 있으며 생존의 권리를 요구하는 인민들마저 경찰의 최루탄세례를 받아 피흘리며 쓰러지고 있다. - 현실은 보수패당의 통치는 남조선사회의 자주적발전과 민주주의를 가로막고 조국통일을 방해하는 커다란 재앙이라는 교훈을 남조선인민들에게 다시 한번 심각히 새겨주고 있다.	**파쑈폭압은 독재《정권》의 출로로 될수 없다 (2011. 10. 27 범민련남측본부)** - 서울시장《선거》가 박두한 지금 남조선에는 살벌한 파쑈정국이 조성되고 있다. 사회의 민주화와 개혁, 련북통일을 주장하는 진보적단체들과 인사들이 매일같이 탄압처형당하고 있으며 생존의 권리를 요구하는 인민들마저 경찰의 최루탄세례를 받아 피흘리며 쓰러지고 있다. - 현실은 보수패당의 통치는 남조선사회의 자주적발전과 민주주의를 가로막고 조국통일을 방해하는 커다란 재앙이라는 교훈을 남조선인민들에게 다시 한번 심각히 새겨주고 있다.

북한의 대남선동	안보위해세력의 선동

이명박 정권의 공안탄압 진상공개장 (2011. 10. 21 구국전선)
– 현 보수정권이 들어선 후 오늘에 이르는 기간은 파쇼독재가 부활하여 우리 민중이 쟁취한 초보적인 민주화의 싹이 여지없이 짓뭉개지고 통일애국을 지향하는 각계각층 민중이 무참히 탄압당하여 온 전대미문의 암흑기로 얼룩져 있다.
– 파쇼탄압에 체질화된 보수집권자들은 경찰의 강경시위진압에 대해 책임을 묻지 않겠다고 기염을 토하면서 군부독재시기의 파쇼폭압방식을 그대로 적용한「불법집단행동 엄단방안」을 조작한데 이어 대검찰청에 지난 2005년에 폐지되었던 공안 3과(촛불 집회 등 새로운 유형의 집단행동사범이나 테러를 조장하고 자유민주주의를 위협하는 사범수사를 전담)를 다시 내왔다.

이명박 정권의 공안탄압 진상공개장 (2011. 10. 27 범민련 남측본부)
– 현 보수정권이 들어선 후 오늘에 이르는 기간은 파쇼독재가 부활하여 우리 민중이 쟁취한 초보적인 민주화의 싹이 여지없이 짓뭉개지고 통일애국을 지향하는 각계각층 민중이 무참히 탄압당하여 온 전대미문의 암흑기로 얼룩져 있다.
– 파쇼탄압에 체질화된 보수집권자들은 경찰의 강경시위진압에 대해 책임을 묻지 않겠다고 기염을 토하면서 군부독재시기의 파쇼폭압방식을 그대로 적용한「불법집단행동 엄단방안」을 조작한데 이어 대검찰청에 지난 2005년에 폐지되었던 공안 3과(촛불 집회 등 새로운 유형의 집단행동사범이나 테러를 조장하고 자유민주주의를 위협하는 사범수사를 전담)를 다시 내왔다.

대변인 논평 – 대결패당의 통일TV방송설립 추진과 관련하여 (2011. 10. 21 구국전선)
– 주지하다시피 미국과 서방의 언론들은 냉전시기에 TV와 라디오 등 홍보수단을 통하여 동유럽 사회주의나라들을 붕괴시키는데서 재미를 톡톡히 보았다. 당시 미국과 그 추종세력들의 심리모략방송은 사람들에게 썩어 빠진 자유화바람, 황금만능의 자본주의풍조를 들이 먹이는데서 전파자, 척후병의 역할을 수행했다.

대변인 논평 – 대결패당의 통일TV방송설립 추진과 관련하여 (2011. 10. 27 범민련 남측본부)
– 주지하다시피 미국과 서방의 언론들은 냉전시기에 TV와 라디오 등 홍보수단을 통하여 동유럽 사회주의나라들을 붕괴시키는데서 재미를 톡톡히 보았다. 당시 미국과 그 추종세력들의 심리모략방송은 사람들에게 썩어 빠진 자유화바람, 황금만능의 자본주의풍조를 들이 먹이는데서 전파자, 척후병의 역할을 수행했다.

「삽질정치」로 4대강을 죽인 MB정권을 고발한다 ('11. 11. 10 구국전선)
–「4대강사업」은 막대한 국민혈세를 쏟아 부은「돈먹는 하마사업」,「토목공사」로「정비아닌 괴멸 사업」으로 낙인되었다. 반제민족민주전선 선전국은 역대통치자들도 무색케 할「삽질정치」로 4대강을 극도로 황폐화시킨 현 정권의 악정을 준열히 단죄규탄하면서 이 백서를 발표한다.
–「4대강사업」은 MB가 치적을 쌓기 위해 벌인 대국민 사기극이다.「4대강사업」은 국민의 반대로 사라졌던「한반도 대운하계획」의 복사판이다.

〈구국전선 11.10〉[백서]「삽질정치」로 4대강을 죽인 MB정권을 고발한다 ('11. 11. 28 범민련남측본부)
–「4대강사업」은 막대한 국민혈세를 쏟아 부은「돈먹는 하마사업」,「토목공사」로「정비아닌 괴멸 사업」으로 낙인되었다. 반제민족민주전선 선전국은 역대통치자들도 무색케 할「삽질정치」로 4대강을 극도로 황폐화 시킨 현 정권의 악정을 준열히 단죄규탄하면서 이 백서를 발표한다.
–「4대강사업」은 MB가 치적을 쌓기 위해 벌인 대국민 사기극이다.「4대강사업」은 국민의 반대로 사라졌던「한반도 대운하계획」의 복사판이다.

북한의 대남선동	안보위해세력의 선동

반제민전 대변인 11.14 논평 ('11. 11. 14 구국전선)

– 지난 8일과 9일 사이에만도 군부호전집단은 북의 「핵위협」을 떠들며 미군과 함께 「확장억제수단 운용연습」을 벌인데 이어 12일과 13일에는 동해상에서 일본 해상자위대와 연합해상훈련을 벌였다. 북을 겨냥한 각종 전쟁연습과 군사적 모의가 날로 노골화되고 있는 때에 군부호전집단이 미일침략세력과의 합동군사훈련을 연이어 벌여놓고 있는 것은 한반도 정세를 더욱 첨예한 전쟁접경으로 몰아가는 엄중한 군사적 도발이 아닐 수 없다.

– 각계 민중은 오늘의 엄혹한 사태를 예의주시하고 미일침략세력과 보수당국의 북침전쟁책동을 단호히 짓부숴버리기 위한 대중적 투쟁을 더욱 힘차게 벌여 나가야 할 것이다.

[구국전선 11.14] 대변인 논평 – 한미일의 야합된 북침전쟁책동과 관련하여 ('11. 11. 28 범민련남측본부)

– 지난 8일과 9일 사이에만도 군부호전집단은 북의 「핵위협」을 떠들며 미군과 함께 「확장억제수단 운용연습」을 벌인데 이어 12일과 13일에는 동해상에서 일본 해상자위대와 연합해상훈련을 벌였다. 북을 겨냥한 각종 전쟁연습과 군사적 모의가 날로 노골화되고 있는 때에 군부호전집단이 미일침략세력과의 합동군사훈련을 연이어 벌여놓고 있는 것은 한반도 정세를 더욱 첨예한 전쟁접경으로 몰아가는 엄중한 군사적 도발이 아닐 수 없다.

– 각계 민중은 오늘의 엄혹한 사태를 예의주시하고 미일침략세력과 보수당국의 북침전쟁책동을 단호히 짓부숴버리기 위한 대중적 투쟁을 더욱 힘차게 벌여 나가야 할 것이다.

청년들을 대상으로 한 유치한 놀음 (2011. 11. 18 노동신문)

– 현재《국회의원선거》와《대통령선거》에 대비한《한나라당》의《선거》전략에서 중요한 내용을 이루는것이 젊은 층의 지지를 확보하는것으로 되어있다.《한나라당》이 얼마전에 작성한《선거》내부전략문건도 그것을 보여주고있다. 이로부터《한나라당》은 젊은 층의 환심을 사고 그들을 꼬당기기 위해 여러가지 계책을 쓰고있는데 그중의 하나가 청년학생들을 대상으로 하는 강연놀음이다.

– 지금《한나라당》이 청년학생들을 대상으로 강연이요 대화요 하지만 지어먹은 마음은 사흘 못 가는 법이다. 남조선 각계도《한나라당》의 이런 기만적인 놀음의 본질을 꿰뚫어보고 조소를 보내고있다.

청년들을 대상으로 한 유치한 놀음 (2011. 11. 28 범민련남측본부)

– 현재《국회의원선거》와《대통령선거》에 대비한《한나라당》의《선거》전략에서 중요한 내용을 이루는것이 젊은 층의 지지를 확보하는것으로 되어있다.《한나라당》이 얼마전에 작성한《선거》내부전략문건도 그것을 보여주고있다. 이로부터《한나라당》은 젊은 층의 환심을 사고 그들을 꼬당기기 위해 여러가지 계책을 쓰고있는데 그중의 하나가 청년학생들을 대상으로 하는 강연놀음이다.

– 지금《한나라당》이 청년학생들을 대상으로 강연이요 대화요 하지만 지어먹은 마음은 사흘 못 가는 법이다. 남조선 각계도《한나라당》의 이런 기만적인 놀음의 본질을 꿰뚫어보고 조소를 보내고있다.

북한의 대남선동	안보위해세력의 선동
서해 5개 섬일대에서 벌어지는 전쟁소동 (2011. 11. 18 노동신문) - 남조선호전광들이 북남사이의 군사적대결의 축소판으로 되고있는 서해 5개 섬일대에 대한 작전태세를 새롭게 변경시킨것은 스쳐지날 문제가 아니다. - 남조선호전광들이 연평도사건을 구실로 그 누구의 있지도 않는 《추가도발》과 《위협》에 대해 요란히 떠들며 서해 5개 섬일대를 북남사이의 군사적대결소동의 거점, 북침공격기지로 전락시킴으로써 조선반도에는 자그마한 군사적충돌도 삽시에 전면전쟁으로 번져질수 있는 위험천만한 정세가 조성되고있다.	**서해 5개 섬일대에서 벌어지는 전쟁소동 (2011. 11. 28 범민련남측본부)** - 남조선호전광들이 북남사이의 군사적대결의 축소판으로 되고있는 서해 5개 섬일대에 대한 작전태세를 새롭게 변경시킨것은 스쳐지날 문제가 아니다. - 남조선호전광들이 연평도사건을 구실로 그 누구의 있지도 않는 《추가도발》과 《위협》에 대해 요란히 떠들며 서해 5개 섬일대를 북남사이의 군사적대결소동의 거점, 북침공격기지로 전락시킴으로써 조선반도에는 자그마한 군사적충돌도 삽시에 전면전쟁으로 번져질수 있는 위험천만한 정세가 조성되고있다.
파쑈폭압은 만능이 아니다 (2011. 11. 23 노동신문) - 남조선에서 또 한차례의 사상탄압, 리념대결소동의 광풍이 세차게 몰아치고있다. 얼마전 남조선의 대검찰청공안부와 경찰청, 방송통신위원회는《종북싸이트》들이 《북의 주장을 일방적으로 전파한다.》느니, 《사회혼란을 야기시킨다.》느니 하는 터무니없는 구실을 내대며 그 무슨 대책회의라는것을 열고 련북인터네트활동을 탄압하기 위한 파쑈적모의를 하였다. - 우리 공화국을 희망의 등대로 바라보며 사회의 자주적발전과 민주주의, 조국통일을 이룩하기 위해 굴함없이 투쟁하고있는 남조선인민들의 정의로운 투쟁은 그 어떤 광란적인 파쑈폭압으로써도 막을수 없다.	**파쑈폭압은 만능이 아니다 (2011. 11. 28 범민련남측본부)** - 남조선에서 또 한차례의 사상탄압, 리념대결소동의 광풍이 세차게 몰아치고있다. 얼마전 남조선의 대검찰청공안부와 경찰청, 방송통신위원회는《종북싸이트》들이 《북의 주장을 일방적으로 전파한다.》느니, 《사회혼란을 야기시킨다.》느니 하는 터무니없는 구실을 내대며 그 무슨 대책회의라는것을 열고 련북인터네트활동을 탄압하기 위한 파쑈적모의를 하였다. - 우리 공화국을 희망의 등대로 바라보며 사회의 자주적발전과 민주주의, 조국통일을 이룩하기 위해 굴함없이 투쟁하고있는 남조선인민들의 정의로운 투쟁은 그 어떤 광란적인 파쑈폭압으로써도 막을수 없다.
민간협력교류의 길에 가로놓인 장애 (2011. 11. 23 노동신문) - 남조선당국은 대결정책을 고집하면서 민간단체들의 북남협력사업을 한사코 가로막고있다. - 남조선의 각계층 인민들은 북남관계를 파국에 몰아넣고 민간단체들사이의 협력과 교류마저 가로막는 보수패당의 책동을 짓부시기 위한 대중적투쟁의 불길을 더욱 세차게 지펴올려야 할것이다.	**민간협력교류의 길에 가로놓인 장애 (2011. 11. 28 범민련남측본부)** - 남조선당국은 대결정책을 고집하면서 민간단체들의 북남협력사업을 한사코 가로막고있다. - 남조선의 각계층 인민들은 북남관계를 파국에 몰아넣고 민간단체들사이의 협력과 교류마저 가로막는 보수패당의 책동을 짓부시기 위한 대중적투쟁의 불길을 더욱 세차게 지펴올려야 할것이다.

3

국내 안보위해세력의
사이버투쟁 양상

국내 안보위해세력 개관

가. 안보위해세력의 투쟁 및 분파현황

국내 안보위해세력이란 국내에서 국가안보를 위협하거나 위태롭게 하는 세력을 지칭하는 것이다. 즉 헌법에 명시된 자유시장 경제원리를 근간으로 하는 대한민국의 자유민주주의체제를 부정하고 이를 파괴, 전복하거나 위태롭게 하는 운동을 전개하는 세력을 총칭한다. 이의 대표적인 국내 세력은 북한을 추종하는 종북세력 및 사회주의혁명을 지향하는 좌익세력이라 할 수 있다.

국내 안보위해세력의 사상적 토대는 ①정통 공산주의사상인 맑스레닌주의와 ②북한식 공산혁명사상인 주체사상 ③맑스레닌주의의 전통을 계승한 현대적 보완판 사상인 트로츠키(Leon Trotsky) 사상, 그람시(Antonio Gramsci) 사상, 알튀세(Louis Althusser) 사상 등이라 할 수 있다. 안보위해세력들이 신봉하는 사상이 맑스레닌주의와 주체사상이라는 사실은 이들이 궁극적으로 이들 혁명사상에 입각하여 공산주의사회를 건설하겠다는 것을 명백히 보여주는 것이다.[31] 안보위해세력은 한국의 사회주의화라는 목표를 달성하기 위해 오프라인(offline)뿐만 아니라 온라인(Online)상에서 사이버투쟁을 전개하고 있는 것이다.

종북좌파세력은 사이버공간을 활용하여 현정부 출범직후에도 거짓선동으로 광우병을 내세워 미국산 쇠고기수입반대투쟁을 전개하며 불법 촛불난동 등을 통해 현정부의 국정기반의 무력화를 시도하고 친북·반미·반자본투쟁의 기치로 좌파운동세력의 건재를 과시한 바 있다. 특히 종북좌파세력들은 천안함폭침사건이 다국적 합동조사단의 과학적 조사 결과, 북한의 어뢰공격에 의한 폭침임이 확인되었는데도 각종 의혹을 제시하며 반문명적인 북한정권에 면죄부를 주는 반국가적 이적행위를 하고 있다.

종북좌파세력들은 북한의 2012년 강성대국 진입론과 궤를 맞추며 국회의원 총선거와 대통령선거 등 권력재편기를 겨냥하여 '좌파세력+시민세력의 연대'를 통한 '2012년 친북정권 창출'의 토대를 구축하는데 주력하고 있는데, 이에 사이버공간을 최대한 활용하고 있다.

종북좌파세력들은 학원·노동·재야·문화·여야정치권 등 사

---

31) 유동열, 한국좌익운동의 역사와 현실, 다나, 1996, 18-19면.

회 각계각층에 부식된 비호세력과 동조세력의 지원 하에 온라인(online)과 오프라인(offline)을 망라하여 우리사회 전반에 현정부를 전쟁도발세력(반평화세력), 반민주세력, 반민중세력 등으로 매도하고 "국가보안법 철폐, 미군철수 등 반미투쟁, 연방통일투쟁" 등 종북좌파의 영향력을 확산시키는데 주력해오고 있다. 종북좌파세력은 '4대강 사업', '제주해군기지 건설 반대투쟁' 등 국책사업 반대투쟁, '희망버스투쟁'과 '반값등록금투쟁' 등 이른바 무상복지투쟁 및 점령(Occupy)투쟁 등을 증폭시켜을 통한 노동자, 청년학생 등 이른바 민중세력 결집을 통해 정권기반을 무력화하는데 주력하고 있다.

현재 종북좌파세력은 매우 복잡하게 분파(分派)되어 있는데, 이를 정리해 보면 크게 ①북한노선을 추종하고 있는 종북계열인 NL주사파와 좌파계열인 ②맑스레닌노선를 추종하는 PDR파 ③트로츠키노선을 추종하는 트로츠키파 ④NL–PD의 혼합체인 21C파 및 ⑤기타 소 분파등으로 나눌 수 있다.

〈그림5〉 국내 안보위해세력의 분파현황

(1) NL주사파

NL주사파란 기본적으로 김일성의 주체사상을 신봉하는 세력을 지칭하는데 이들은 북한의 대남혁명론인 '민족해방 민주주의혁명(NLDR)'[32]에 입각하여 남한혁명을 성취하려는 세력이다. 주로 NLPDR파, NL(민족해방)파, NL1, NL우파, 주사파, 친북운동세력 또는 민족적 유물론자, 종북세력 등으로 불리워 진다.

NL주사파의 형성시기는 1985년 7월 27일 결성된 북한의 대남혁명전위조직인 '한국민족민주전선'(약칭 : 한민전, 현재 반제민전, 2005.3.23 명칭개칭)의 출범과 맥락을 같이하고 있다. 당시 지하에서는 그동안 부분적으로 비밀리 반입된 북한관련 서적 및 복사본을 통해 학습하던 단계에서 벗어나, '평양방송' 및 '한민전'에서 운영하는 대남흑색방송인 '구국의 소리방송'의 김일성대학 방송강좌, 주체사상교양강좌, 정치철학강좌 등 소위 운동강좌를 직접 청취하여 주체사상 및 북한의 남조선혁명론을 체계적으로 학습하기 시작했다. 그리고 북한방송 청취내용을 수록한 지하간행물을 제작 배포하여 주체사상과 한국사회변혁운동론으로 북한의 대남혁명전략인 민족해방 인민민주주의혁명(NLPDR)을 급속히 확산시켜 오늘날 이른바 '주사파'라는 종북운동세력을 형성하게 된 것이다.

---

32) 북한은 1970년 제5차 당대회 이래 남한혁명전략으로 '민족해방 인민민주주의혁명'((NLPDR)노선을 견지해오다, 2010년 9월28일 제3차 당대표자회에서 당규약을 수정하면서, '민족해방 민주주의혁명'(NLDR)으로 변경한 바 있다.

주사파는 20년이 넘는 역사를 지닌 종북운동세력군(群)으로 현재 종북좌파운동권 내의 다수세력으로 활동해오고 있다. 대표적 단체로는 학원계의 '한총련'(한국대학총학생회연합) 집행부, '범청학련(조국통일범청년학생연합) 남측본부', '6.15 청학연대'(615공동선언 실천 청년학생연대), '한대련'(21세기 한국대학생연합), '민주노동당 학생위원회', 재야통일운동계의 '범민련(조국통일범민족연합) 남측본부', '실천연대'(남북공동선언 실천연대), '연방통추'(우리민족연방 통일추진위원회), '평통사'(평화와 통일을 여는 사람들), 청년계의 '한국청년연대', '반미청년회', 노동계의 '민주노총'(전국민주노동조합총연맹, 범NL), '민주노동자전국회의', 학계의 '민교협'(민주화를 위한 교수협의회), '전교조'(전국교직원노동조합, 범NL), 문화예술계의 '민예총'(한국민족예술인총연합, 범NL), 기타 재야단체로 '주미철본'(주한미군철수국민운동본부), '반미여성회', 지하조직으로 '자주대오'(민족해방활동가 자주대오) 등이 있다. NL계의 통일전선체격의 총본산격인 '한국진보연대'와 '민권연대'(민주민생 평화통일주권연대) 등이 있다.

(2) PD파

PD파란 'PDR'파의 약칭으로 이른바 PDR(민중민주주의혁명파, People's Democracy Revolution)론에 의해 한국사회를 사회주의화하려는 세력을 지칭하는 것이다. 이 파는 크게 ①제독PD(반제반

독점 민중민주주의혁명)파와 ②제파PD(반제반파쇼 민중민주주의 혁명)파로 나누어 진다.

현재 제독PD파는 NL주사파에는 못 미치지만 상당수의 세력이 학원계와 노동계, 문화예술계, 학계 등에 포진해 있는 것으로 알려져 있다. 현재 활동중인 대표적인 PD파 조직을 들면, 대중조직으로 '사회진보연대', '사람연대', 노동계의 '노동자의 힘', '현장실천노동자회', '노동전선', '노동자민중회의', 청년계의 '한국청년연합회', 학생운동체로는 비국가연대운동[33]을 전개하는 '학생행동연대'(SAS), '대학생사람연대'(구 사회당 학생위), '살맛'(구 진보신당 학생위), '전국학생행진', '인학련'(인권의 정치학생연합), 학계의 '학단협'(학술단체협의회), '맑스꼬뮤날레', '한노정연'(한국노동이론정책연구소 : '이론' 동인그룹), 문화예술계의 '문화연대' 등이 있다.

(3) 트로츠키파

트로츠키파란 러시아의 공산혁명가인 트로츠키(Trotsky)의 혁명노선(영구혁명론)에 입각하여 한국 공산화혁명을 획책하는 세력을 지칭하는 것이다. 따라서 이 계파의 기본이념은 트로츠키즘이라 할

---

33) 비(非) 국가연대운동이란 조직을 운영할 때, 국가관료제 방식과 같이 중앙조직의 지시와 명령에 의한 획일적 운영에서 벗어나, 조직원의 창의와 자발성을 바탕으로 조직을 운영하려는 방식을 지칭한다. 학생행동연대는 그동안 학생운동체가 국가조직형태를 모방하여 관료주의, 형식주의, 국가주의 등의 폐해를 낳았다며 학생대중의 직접적인 행동에 의한 학생대중이 자치질서를 구축해야 한다고 주장한다. 이는 좌파조직의 전통적인 조직운영원리인 '민주집중제'(민주주의 중앙집권의 원칙)에 반하는 것이어서 주목된다. 학생행동연대, 학생행동연대제안서, 1999, 8-10면 참고.

<표16> 국내 안보위해세력의 노선 비교

		북한	주사파	PD파	트로츠키파
남한평가		식민지반자본주의	식민지반자본주의	신식민지국가독점자본주의	식민지자본주의
지도사상		주체사상 선군사상	주체사상 선군사상	맑스레닌주의	트로츠키즘 (영구혁명론)
혁명론		민족해방 (인민) 민주주의혁명	민족해방 (인민) 민주주의혁명	민중민주주의혁명	국제사회주의혁명
단체	학원	조선학생위, 범청학련	한총련, 한대련, 범청학련, 615청학위, 민노당학생위	대학생사람연대, 행동연대, 사회당 학생위, 학생행진	사학련(사회주의학생연합), 다함께
	노동	직총	민주노총, 전국회의	노동자의 힘, 노동전선, 전국노동자회	사주의노동자연합 (사노련), 사학동, 해방연대
	재야	범민련, 615공동위, 조평통, 민화협, 조국전선	한국진보연대, 범민련, 6.15공동위, 실천연대, 연방통추, 평통사, 주미철본	사회진보연대,	IS(국제사회주의자)
	교육	조선사회과학자협회, 역사협회	전교조, 민교협	학술단체협의회, 한노정연, 맑스꼬무날레	
	문화	김일성청년동맹 문예총	한국청년단체연합, 반미청년회, 반미여성회, 민예총	청년연대, 문화연대	

수 있다. 이들 세력은 동구사회주의권 몰락이 진행되는 과정에서 트로츠키즘을 이의 대안으로 조심스럽게 채택하였다. 동구권에 이어 소련공산당의 붕괴가 기정사실로 나타나자 이들 세력은 기존 사회주의권을 스탈린주의에 매몰된 가짜사회주의라고 규정하고 트로츠키의 '영구혁명론'에 입각한 국제사회주의혁명만이 진정한 사회주의라고 주장하며 현재의 트로츠키파를 형성하고 있다.

현재 활동중인 트로츠키계열의 조직은 '국제사회주의자들'(IS), '사학련'(사회주의학생연합), '사노련'(사회주의노동자연합), '사노위'(사회주의 노동자정당 건설추진위원회), '해방연대'(노동해방실천연대), '다함께' 등이 있다.

(4) 21세기파

21C(세기)파는 1993년 말경 NL과 PD의 대립구도에 염증을 느낀 세력들이 '인간적 민주적 사회주의 실현'의 기치를 들고 독자노선을 선언하며 형성한 학생운동그룹인데, 이들 세력 역시 맑스주의에 기반을 두고 있다. 이의 대표적인 조직은 '21C 진보학생연합'이다.

나. 종북파세력과 북한과의 연계성

국내 종북세력 등 안보위세력의 활동을 정확히 파악하기 위해서는 북한과의 연계성을 먼저 파악해야 한다. 북한과 국내 종북좌파세력의 연계성을 확인할 수 있는 근거는 북한의 대남공작지침이 되는 '남한사회주의혁명 강화노선'과 이의 발현(發顯) 내용을 보면 확인된다.

북한은 정권목표인 대남적화전략 목표를 달성하기 위하여 1964년 2월 27일 당중앙위원회 제4기 8차 전원회의에서 '3대혁명 역량강화노선'을 발표한 바 있다. 이중 북한의 대남공작 지침은 바로 두 번째인 남한사회주의혁명 역량강화노선이다. 이는 ①남한 내 민주주의운동 지원 ②남한인민의 정치사상적 각성 ③혁명당과 혁명의 주력군 강화 및 통일전선 형성 ④반혁명역량 약화 등으로 집약된다.

북한의 대남적화전략을 비밀리에 전문적으로 수행하는 대남공작 부서를 운영하고 있는데, 이중 국내 종북세력들을 직접 조종하는 부서가 225국(구 대외연락부)와 통일전선부 및 정찰총국이다. 이들 기구들을 통해 북한은 국내 종북세력에게 직·간접적으로 지령을 하달하며 대남투쟁을 독려하고 있다. 이를 충실히 이행하는 세력이 바로 종북세력인 것이다.

특히, 종북세력의 투쟁구호를 보면, 북한의 투쟁구호를 그대로 수용하고 있어 이들의 이념적 연계성을 재확인할 수 있다.

<表17> 북한과 한총련의 조국통일 구호비교

연 도	북한의 조국통일구호 (신년공동사설 발표)	한총련의 통일구호 (임시대의원대회 자료집)
2005년	3대 민족공조 (민족자주, 반전평화, 통일애국공조)	3대 민족공조 (민족자주, 반전평화, 통일애국공조)
2006년	3대 애국운동 (자주통일, 반전평화,민족단합운동)	3대 애국운동 (자주통일, 반전평화,민족단합운동)
2007년	3대 과제 수행 (민족중시, 평화수호, 단합실현)	3대 과제 수행 (민족중시, 평화수호, 단합실현)
2008년	우리 민족끼리 힘을 합쳐 자주통일, 평화번영의 새 시대를 열어나가자!	우리 민족끼리 힘을 합쳐 자주통일, 평화번영의 새 시대를 열어나가자!
2009년	6.15공동선언과 10.4선언기치 높이들고 자주통일의 길로 힘차게 전진하자!	6.15공동선언과 10.4선언기치 높이들고 자주통일의 길로 힘차게 전진하자!
2010년	북남공동선언의 기치밑에 온민족이 단합하여 조국통일을 하루빨리 실현하자	북남공동선언의 기치밑에 온민족이 단합하여 조국통일을 하루빨리 실현하자
2011년	북과 남, 해외의 온 민족이 힘을 합쳐 자주통일의 새국면을 열어나가자!	북과 남, 해외의 온 민족이 힘을 합쳐 자주통일의 새국면을 열어나가자!

* 2009년 이후는 한총련이 무력화되어 「6.15 청년학생연대」가 한총련 활동을 대체하고 있어, 여기의 구호도 「6.15 청학연대」의 구호임.

국내 안보위해세력의
사이버투쟁 체계

    국내 안보위해세력들의 사이버투쟁 체계는 크게 네가지 유형으로 요약된다.

    첫째는 각 단체별로 자체 인터넷홈페이지를 개설하여 이를 통해 이른바 사이버투쟁을 전개하는 경우이다. 이 경우 대부분 종북단체들은 사이버투쟁을 전담하는 사이버팀(Cyber Team)을 운영하고 있다. 예를 들면 한총련의 경우, 중앙집행위원회 산하에 '정보통신국'을 두고 제반 정보통신사업을 이른바 인터넷 등 사이버사업을 총괄, 집행토록 하고 있다.[34] 11기 당시 한총련은 '정보화 핵심 1만명 양병론'을 제기하고 이를 위해 정보화사업지원단 구성, 한총련 홈페이지

---

34) 한총련 규약 〈 18절 정보통신국)에『64조(지위 역할) 한총련의 제반 정보통신사업을 총괄 집행한다』라고 명시하고 있다.

포탈화 4단계 전략을 입안하며 대대적인 사이버투쟁을 전개한 바 있다. 현재 자체 인터넷사이트를 개설하고 활동 중인 종북좌파단체는 200여 개 단체에 달한다.

둘째는 진보네트워크(www.jinbo.net), 민중의 소리 등과 같이, 아예 자체 인터넷망, 인테넷방송망을 구축하여 체계적인 사이버투쟁을 전개하는 유형이다. 현재 진보네트워크는 노동네트워크, 학생네트워크, 등 분야별 네트워크를 운용 중이다.

셋째, 자체 사이트를 운영하지 않고, 기존 포탈망의 카페나 블로그를 개설하여 사이버투쟁을 전개하는 유형이다. 이의 대표적 유형은 사이버민족방위사령부, 세계물흙길연맹 등이 있다. 이들은 해외 친북사이트에 접속, 필요한 정보와 자료를 다운로드하여 자체 조직활동에 활용하고, 국내 종북사이트 및 포탈사이트의 자유게시판 등에 선전자료를 게재하며 사이버 선전선동에 활용하고 있다.

넷째는 종북세력이 단독으로 인터넷공간을 활용하여 독자적인 사이버투쟁을 전개하는 유형이다. 이 유형은 자체 제작한 자료나 선동물을 해외국가의 서버를 활용하여 역으로 국내 관련 운동권단체의 사이트에 수시로 다양한 선동자료들을 올려놓으며 활동하고 있다.

특히 종북사이버세력들은 수사기관의 추적을 피하기 위해 ①일본, 캐나다, 유럽, 미국 등 인터넷회사의 무료 이메일계정을 가공명의로 수십개 개설하여, 해외서버를 이용하여 국내에 전파하는 정교함을 보여주고 있으며 ②IP 추적을 막기위해 프락시서버(Proxy

Sever)를 이용하여 전파하고 ③공공장소에서 노트북으로 무선인터 넷을 통해 자료를 전파하는 등의 치밀함을 보여 주고 있다.

국내 안보위해세력의
사이버투쟁 양상

　국내 종북좌파세력의 사이버 안보위해활동은 인터넷뿐만 아니라 트위터, 페이스북, 유튜브 등 SNS를 활용하는 단계로 진화되고 있다. ①사이버 선전선동 ②사이버교 ③트위터계정 폭파 등 사이버테러 ④사이버 통일전선 구축 등으로 집약된다.

가. 사이버 선전선동

　종북좌파세력의 사이버선전선동은 앞서 지적했듯이, 자체 인터넷홈페이지나 유관 단체나 포탈사이트의 인터넷사이트의 자유게시판, 자료실, 댓글 등을 활용하여 일반 국민 등 불특정다수인을 대상으로 그들의 주의주장을 선전선동하고 각종 허위선전, 악성유언비어 유포 등으로 정권기반을 무력화하고 국민을 적색(赤色)의식화 하려는 것이다. 앞서 지적했지만 인터넷공간이 종북좌파세력의 해방구로 전락한지 오래이다.

종북세력들은 최근에는 트위터, 페이스북 및 유튜브 등 SNS(소셜네트워크 서비스)를 새로운 선전선동수단으로 적극 활용하고 있다. 그 배경은 빠른 속도의 인터넷보급 뿐만 아니라 스마트폰 등 모바일기기 혁명으로 트위터, 페이스북 등과 같은 SNS가 급속히 발전하고 있기 때문이다.

SNS는 인터넷상에서 친구나 동료, 지인들과의 인맥을 강화하거나 새로운 인간관계를 형성하고 관리하는 차원을 넘어, 종북좌파세력에 의해 우리사회 정치 · 사회 · 경제 · 문화 전반에 걸쳐 많은 '좌파 영향력'을 확대하는 공간으로 활용하고 있다. 트위터 한국인 인덱스(Twitter Korean Index)에 의하면, 2011년 12월 16일 기준으로 트위터 사용자 현재 5,529,714명에 달하고 있다. 이의 영향력이 지대함은 아무리 강조해도 지나치지 않다.

2010년 12월 북한 조평통(조국평화통일위원회)에서 운영하는 트위터 계정 '우리민족끼리'를 팔로우(follow)하고, 여기에 실린 '사랑이 넘쳐나는 사회주의 보건제도'를 리트윗하는 등 이적표현물 13건을 재전송한 조모가 적발되었는데, 2011년 4월 법원으로부터 '소셜네트워크서비스(SNS)'를 활용한 이적표현물 재전송 행위가 국가보안법 위반에 해당된다는 법원 판결이 나왔다.

특히 튀니지, 이집트, 리비아에서 발생한 이른바 재스민 혁명에서 트위터와 페이스북, 유투브 등 SNS가 시위를 전국으로 확산시키고 시민들의 참여를 독려하는데 가장 큰 역할을 하였다. 이에 고무된 종북좌파세력들이 SNS를 활용한 선전선동 활동은 더욱 강화될 전망이다.

〈표18〉 사이버 보안활동 실적

연도별	사법처리	친북사이트		트위터 등 계정차단	불법문건 삭제	불법카페 등 폐쇄
		발 견	차 단			
계	233	90	66	462	192,041	471
2005년	2	8	4		1,238	3
2006년	3	12	6		1,388	1
2007년	5	9	1		1,434	3
2008년	5	9			1,793	2
2009년	32	10	6		14,430	18
2010년	82	16	16	33	80,449	85
2011년	62	19	22	187	79,038	225
2012. 11월	44	7	7	243	12,562	134

출처: 경찰청, 2012.11월말 현재.

종북좌파세력들의 선전선동은 허위선전, 악성 유언비어 유포, 흑색선전의 장으로 유효하게 사용한다. 북한의 대남사이버선동과 마찬가지로 종북세력들도 ①찬(讚) 북한 ②반(反) 대한민국 ③반(反) 미국, ④반(反) 자본주의 등으로 집약된다. 이의 구체적 내용과 논조를 보면 다음과 같다.

첫째, 현정부에 대한 비방 중상을 강화하고 있다. 이명박 대통령을 '식민지정권', '살인폭압정권', '전쟁하수인', '반민주 · 반통일정권' 등 운운하며 악성 비방을 하고 있다. 또한 각종 악의적 허위사실을 내세우며 제주해군기지 건설, 4대강 사업, 한미FTA체결 등 국책사업을 비방하며, 이의 반대투쟁을 선동하고 있다. 특히 등록금투쟁 선동. 희망버스(좌파변혁을 위한 희망버스임) 투쟁, 제2촛불투쟁 등을 집중 선동하고 있다. 이는 현정부의 정권기반을 무력화하려는 의도이다.

둘째는 북한정권의 핵심적인 대남노선인 자주 · 민주 · 통일에 입각한 반미자주화투쟁, 반파쇼민주화투쟁, 조국통일투쟁을 그대로 수용하여 6 · 15 공동선언. 10 · 4선언 이행 실천이란 명분 하에 집중 선동하고 있다. 예를 들면, 주한미군 철수, 국가보안법 철폐, 국정원 해체, 통일인사 석방, 비전향장기수 송환, 주적론 철회, 한총련 · 범민련 합법화, 북미평화협정 체결, 북미불가침조약 체결, 반통일보수 우익세력 척결 등이 그것이다.

셋째, 북한의 위장된 평화통일노선을 선전하고 있다. 북한의 통일노선을 집약했다는 소위 조국통일 3대헌장(자주, 평화, 민족대단결의 통일 3원칙, 고려민주연방공화국 창립방안, 전민족대단결10대강령)과 김정일의 '민족대단결 5대방침'(일명 4 · 18서한)[35]을 집중 선전하며, 김일성의 통일유훈을 관철시키자고 6 · 15선언, 10 · 4선

---

35) 이에 대한 자세한 설명은 유동렬, "대남전략관점에서 본 김정일의 민족대단결 5대 방침", 월간 북한 1998년 6월호, 북한연구소, 1998, 22-30쪽, 참조.

언 이행 및 연방제 통일공세를 강화하고 있다.

넷째, 북한핵문제 등과 관련한 선동을 강화하고 있다. 종북좌파세력들은 북한의 2차례의 핵실험을 정당화하며 도리어 미국이 북한을 고립 압살시키려고 핵전쟁책동을 전개하고 있다며, "미국의 핵전쟁책동 분쇄"를 주장하고 이의 해결책으로 "북미불가침조약 체결 및 민족공조 강화"를 연일 선동하고 있다.

다섯째, 김정일을 미화찬양하고, 북한의 통치이념인 주체사상과 선군노선 및 북한사회주의체제를 선전하는데 주력하고 있다. 주 내용은 김정일의 지도력 및 국방위원장 추대 찬양, 주체사상 선전, 북한 사회상 선전, 선군정치노선 및 강성대국 건설 찬양 등으로 북한체제의 우월성을 고취하려는 것이다.

여섯째, 천안폭침사건, 연평도포격도발과 같은 반문명적인 북한의 테러도발에 대해 이를 부인하며 김정일에게 면죄부를 주는 선전선동을 강화하고 있다. 2011년 들어서 북한은 남북간 대화와 협력을 강조하며 연이은 대화공세(당국간 회담, 정당,국회,사회단체간 대화제의)로 위장평화공세를 취하고 반면 전쟁불사의 협박공세에 부응하여 "전쟁이냐 평화냐"를 선동하고 무조건적인 남북대화 재개, 북한경제지원 재개 등 북한 비위맞추기 선동을 지속하고 있다.

또한 2005년 12월초경 북한 반제민전의 구국전선 사이트와 2006년 북한 신년공동사설에 "김정일 장군님을 닮자"라는 '정풍운동(整風運動)'의 내용이 게시되자, 국내 한총련, 범청학련 등의 종북단체들은 정풍운동은 "우리장군님(김정일)을 닮아 장군님의 통일을 앞당기는 운동"이라며 2006년을 정풍운동의 해로 정하고 인터넷공간을 통해 정풍운동을 선전하고, 주10시간 씩 사상학습 등 정풍운동[36]을 전개한 바 있다.

■ 사이버 적색의식화 사례: 솔○○○

솔○○○는 패션에 관심이 있는 20대 젊은 여성이 주축이 되어 만든 다음 패션 전문카페인데, 2008년 광우병 촛불투쟁시 8만 명이 넘는 회원이 활동하고 있었다. 여기에 좌파사이버꾼 3명이 준회원으로 가입한 후 정회원이 된 후 패션정보와는 관련이 없는 광우병 촛불투쟁관련 글로 회원 게시판을 도배질하며 선동에 나섰다. 2008년 한 해 동안 촛불시위와 관련해 올라온 게시글은 2,000개가 넘으며 촛불시위가 활발히 일어났던 기간에 집중되어 있다. 적색의식화공작이 먹혀들어가 미국산 쇠고기 수입을 반대하는 광고를 내기 위한 모금운동부터 시작하였는데 두 차례에 걸쳐 6,300만원을 거둬, 특정 일간지에 신문광고를 게재하였고, 촛불시위현장에 솔○○○의 회원들이 천여명이 깃발을 들고 서울광장 촛불시위에 참여한다. 이념에는 관심이 없는 전문 패션정보를 교환하는 회원들이 사이버상에서 의식화되어 대중투쟁에 동원된 사례이다. 종북좌파세력들의 진화된

---

36) 원래 정풍운동이란 1942년 중국 모택동이 중국공산당의 당내투쟁을 효과적으로 전개하기 위해 주창한 당원활동 쇄신운동이다.

사이버 적색의식화 공작의 면모를 보여주고 있다.

나. 사이버 교신

사이버교신은 종북좌파단체 내에서 조직원과의 비밀통신 뿐만 아니라, 각 종북좌파단체끼리의 통신, 해외친북 및 해외불순 NGO과의 교신, 북한의 해외간첩망과의 교신 등으로 다양하게 이루어 진다. 특히 조직보안을 위해 대부분 인가된 회원만 이용할 수 있는 폐쇄망(CUG)을 운영하고 있다. 최근에는 인터넷사이트 게시판 등에 약정된 코너를 사용하여 각종 정보를 교환하는 치밀함을 보여주고 있다.

다. 트위터계정 폭파 등 사이버 테러

종북좌파세력의 사이버테러는 초기에는 청와대, 국회, 정보통신위원회, 경찰청, 국가정보원 등 공공기관 홈페이지에 집중 접속하여 온라인상에서 종북좌파권의 주의주장을 게재하며 항의시위를 전개하는 양상이었다. 최초의 사이버 시위는 2000년 12월에는 '국가보안법철폐 등 개혁과제 실현을 위한 사이버공동행동'(200여개 단체 참가)에서 청와대 및 국회 홈페이지에서 온라인시위를 전개한 바 있으며, 한총련 인터넷특공대의 국가정보원 홈페이지의 공격을 시도한 적도 있었다.

또한 사이버테러의 낮은 단계인 디도스 공격을 통해 서비스 과

부하를 걸리게 하여 통신상 트래픽 유발하여 사이트를 마비시키거나, Flame기법(공개게시판, 토론방 등에 고의로 정부기관, 주요인사 등에 관한 악성루머를 유포하여 곤경에 빠뜨리는 기법) 등을 구사했다.

최근 SNS를 활용한 신종 사이버테러가 진행되고 있다. 바로 트위터상에서 특정 개인의 트위터계정을 폭파시키는 유형이다. 2011년 추석연휴기간에 20여명의 우파 인사의 트위터계정을 정지시켜 마비시켜 버린 사례가 있다. 이들은 대부분 트위터상에 상당수의 팔로우를 확보하고 영향력을 발휘하는 우파 논객들이다.

종북좌파세력의 소행으로 추정되는데, 이들이 사용하는 수법은 트위터 본사의 '트위터계정 정지조항'을 악용하는 것이다. 종북좌파세력들은 여러 전문 트윗꾼들이 사전에 특정계정 폭파 목표물을 설정하고 약속된 시간에 동시에 접속하여 계정폭파공격을 단행하는 기획테러를 하고 있다. 즉 계정 폭파는 종북좌파 트위터꾼들이 집단으로 동일 시간 대에 여러 번에 걸쳐 스팸블럭을 걸면 트위터서버가 특정 계정에 '악성 스팸 트윗을 날리는 계정'으로 인식해 계정 자체를 삭제하는 방식이다. 폭파된 계정을 살리려면 트위터 본사에 메일로 계정정지의 부당성과 이를 입증하는 관련 자료를 영문으로 작성하여, 심사 후에 트위터 계정을 복구해야 하는데 많은 시간과 노력이 필요하다.

종북세력이 트위터계정폭파를 전개하는 이유는 종북좌파들이 거짓 선전선동의 수단으로 장악했던 트위터공간에 애국우파세력들이 등장하여 대응하자, 이를 차단하기 위해 자행한 것이다. 명백한 신종 사이버테러이다.

라. 사이버 좌파통일전선 구축

종북좌파세력들도 북한과 마찬가지로 사이버공간을 활용하여 '종북좌파 사이버통일전선 구축'에 주력하고 있다. 초기에는 종북좌파세력은 온라인 및 오프라인 투쟁을 위해 투쟁구호, 선전선동 등을 알려 심리전차원의 통일전선을 구축하였으나, 최근에는 포탈사이트 내 특정 카페나 블로그를 개설하여 회원을 모집하여 광범위한 사이버 통일전선을 형성하는 유형으로 진화하고 있다.

대표적 사례로 〈사이버민족방어사령부〉(약칭 사방사)를 들 수 있다. 여기에는 7천여명의 회원이 가입되어 있는데 공무원, 군인, 교사, 전문직업인 등 다양한 직업군이 참가하고 있다. 주목되는 점은 동 카페에 가입하기 위해서는 김정일과 주체사상에 대한 충성맹세를 해야 한다는 점이다. 이들은 카페장을 사령관으로 받들고 북한체제에 대한 찬양활동을 사이버공간 여기저기에 퍼다 나르며 적색의 식화를 하였다. 동 카페 운영자 황모씨는 재판중 공개법정에서 중 "위대한 김정일 장군님"이라고 외친 당사자이다. 동 카페가 폐쇄되자 회원들은 사이버공간에서 변형된 사이트를 지속운영하며 '알까기'를 거듭하고 있다. 국내에 북한의 든든한 종북사이버일꾼들이 양성되어 세력화하는 것이다.

〈세계물흙길연맹〉 등과 같은 종북카페들이 100여개가 넘는 것으로 추정된다. 지난 11월에는 〈세계물흙길연맹〉 카페를 운영하면서 북한 김정일 부자 찬양 등 북한에 동조하는 글과 동영상 등 379건을 게시한 혐의를 받은 운영자가 구속된 바 있다.

2011년 12월초에는 인터넷상에 과학 사이트(자유에너지개발자그룹)으로 위장한 개인 홈페이지를 만들어놓고 김정일과 북한 체제를 찬양하는 글 및 북한제작 동영상 등 60여건을 지속적으로 올린 혐의로 국내 대형 항공사 여객기 기장(機長) 김모씨가 구속된 바 있다.

사이버상에서 구축된 종북통일전선세력이 결정적 시기에는 오프라인으로 뛰어나와 남한혁명에 동참할 수 있는 혁명의 예비 보조역량이라는 점에서 이에 대한 관심이 요망된다.

국내 안보위해세력의
사이버 흑색선전의 폐해

　북한 대남사이버선동과 연계된 국내 안보위해세력의 흑색선전은 우리 사회에 미치는 파급효과가 매우 부정적이며 막대한 폐해를 양산시키고 있다.

　첫째, 허위정보, 역정보 등의 유포로 인해 우리사회의 남남갈등이 증폭되고 국론분열이 격화된다는 점이다. 예를 들면, 천안함폭침 사건 등에 대한 북한당국의 집요한 허위선동은 우리 내부에 좌·우 갈등 및 여·야 정치세력간 갈등과 의혹을 증폭시켜 이것이 심화될 때 우리 사회의 혼돈상태를 조성하고 결국 극심한 사회교란과 국론분열을 야기한다. 북한의 대남 사이버심리전은 우리 국민들을 전쟁세력과 평화세력 등으로 분류하여 '6·15성명 지지세력=평화세력=진보세력=통일세력=민주세력=새세력'과 '6·15성명 반대세력=전쟁세력=보수세력=반통일세력=반민주세력=썩은 세력' 등의 구도를 연출하여 이른바 편가르기와 물리적 대치상황 조성으로 끊임없는 국론분열과 사회교란을 야기하고 있다.

자유민주사회에서 어떤 사안에 대한 다양한 이견(異見)이 존재하는 것은 당연하고 이것이 획일화된 사회주의체제와는 달리 다양성에 기초한 자유민주체제의 장점이자 우월성이기도 하다. 그러나 명백한 사실(fact)을 의도적으로 왜곡하고 부정하는 것은 우리 사회의 불신과 의혹을 걷잡을 수 없게 확산시켜 사회혼란을 양산하고 우리 체제의 근간을 흔들 수 있다는 점에서 문제가 있는 것이다.

결론적으로 표현하면 한국사회 내의 남남갈등이란 본질에 있어서는 남북(남한·북한) 갈등이다. 우리 내부에서 북한노선을 전폭적으로 추종하는 종북좌파세력들은 외피만 대한민국 국민이지 실은 대한민국을 부정하고 반민족적인 북한 김씨정권을 정당화하는 이적세력이기 때문이다. 기본적으로 종북좌파세력들에게는 의사표현의 자율성이 없다. 겉으로는 한국의 자주화, 민주화 등을 외치지만 실제로는 상전인 북한 김정일·김정은에게 맹종하여 적화통일을 이루는 길이 삶의 목적이기 때문이다. 결국 북한의 대남 사이버심리전은 우리사회의 국론분열과 사회혼란을 심화시켜 국민화합과 통합의 주저해요인으로 작용할 것이며, 소모적인 정치논쟁을 야기시켜 국력을 낭비하고 정부의 국정기반을 무력화시킨다.

둘째, 여야당간 정치적 갈등을 증폭시켜 정치혼란을 가중시킨다는 점이다. 예를 들면, 남북비밀 접촉사실 폭로사례에서 보듯이 북한의 대남 사이버심리전은 결국 야당의 반발과 정부와 집권당에 대한 좋은 공격빌미를 제공하여 여당·야당간, 정부·야당간, 여당내부간 정치적 갈등을 야기시켜 결국 우리 사회의 정치적 혼돈상태를 악화시키는 효과를 발휘하고 있다. 북한의 장단에 우리 정치권이 놀아나는 형국을 연출하는 것이다.

세째, 국내에서 북한을 추종하는 종북좌파세력 및 특정 불순정치세력을 고무한다는 점이다. 우리 내부에는 북한노선을 전폭적으로 추종하는 종북좌파세력뿐만 아니라 감상적 민족공조주의와 통일지상주의에 만연되어 있는 북한에 우호적인 정치세력이나 집단 및 인사들이 존재한다. 북한의 지속적인 사이버심리전은 이들 세력의 입지를 강화시켜주고 이들의 친북이적활동을 정당화해주고 강력한 지원역량이 되는 것이다.

북한은 제2전선(후방전선) 강화차원에서 국내 종북좌파세력을 지원하는 공작을 강화하고 있다. 주목할 점은 종전에 후방전선은 빨치산이나 북한이 직접 침투시킨 무장공비들이 형성하였으나, 1990년 이래 종북좌파세력이 이를 대신하고 있다. 이들은 대한민국 국민으로서 갖은 혜택은 다 누리면서도 천안함사건, 연평도 포격도발, 핵문제, 미사일문제, 간첩사건, 북한인권, 제주해군기지 건설 등 각종 안보사안에 대해서는 북한 정권이 입장을 철저히 옹호, 대변해오며 북한의 대남적화노선을 성실히 수행해오고 있는 집단이다. 문제는 이들이 우리사회 각계각층 및 제도정치권 등에서 평화세력, 진보인사 등으로 포장되어 양심적 민주인사인양 행세하고 있다는 점이다. 북한입장에서 볼 때, 국내의 종북좌파세력은 전조선혁명중 남한혁명역량을 강화시킬 수 있는 가장 적합한 혁명원천(源泉)인 것이다.[37]

이의 폐해는 '제2의 한총련'(한대련 등)과 같은 종북좌파세력의 출현을 가속화시켜 이들의 영향력을 사회전반에 확대시키는데 일조하는 것이다. 결국 종북좌파권의 정치세력화를 촉진시켜 활동반경이 확대될 것이며, 이들의 정치적 압력행사가 구체화되고 있는 것이다. 이의 역기능 사례를 보면, 지난 좌파정부시절에는 국내 정치권과 학계, 언론계 등에 북한과 국내 종북좌파세력들을 자극하지 않으려는 풍조가 만연하는 등 북한눈치보기 분위기가 확산된 적도 있었다.

넷째, 현정부의 국정시책을 시행하는데 주된 걸림돌로 작용한다는 점이다. 북한은 국내 친북좌파세력 및 특정 정치세력에게 정부시책 추진에 대한 왜곡된 비판논리와 자료를 제공해주어 4대강 사업, 한미 FTA체결, 제주해군기지 건설 등 국책사업의 수행을 방해하는 등 국정혼란을 조장시키고 있다. 이러한 파장은 현정부의 국정시책에 대한 불신감을 만연시켜 정치적 저항요인을 만들고 있다.

다섯째, 한국의 권력재편기(지자체, 총선 및 대선)에 특정 정치세력을 낙선시키고 그들의 의도하는 정치세력 즉 친북정권을 창출하

---

37) 유동열, "북한의 대남전략과 도발의도",세종연구소 제24차 국가전략포럼 자료집, 세종연구소, 2011, 16면.

는 선거공작에 악용하고 있다는 점이다. 북한은 반제민전 〈구국전선〉사이트, 우리민족끼리 등을 이용하여 한국의 권력재편기마다 빠짐없이 선거투쟁지침과 투쟁구호 등을 국내 종북좌파세력들에게 하달하며 영향력을 행사하고 있다.[38]

실제 천안함사건 직후 실시된 지자체선거(2010.6.2)에서 북한은 전쟁공포 확산을 위해 선거구도를 이전의 '민주세력 대 반민주세력'의 구도가 아닌 "전쟁이냐, 평화냐"의 '평화세력 대 전쟁세력'의 구도로 나누어 "특정정당을 찍으면 전쟁난다"고 하달하는 등 대남사이버심리전을 통해 국내 선거에 개입한 바 있다. 이를 대남전략관점에서 분석해보면, 지난 좌파정부시절의 햇볕정책에 취해있던 사회기류가 "전쟁만은 안된다"는 심리로 선거판에 표출되게 하려는 책략이다.

여섯째, 산업현장에서 노동자들의 투쟁을 격화시켜 막대한 경제적 비용을 초래케하고, 학원현장 등에서 학생들의 투쟁을 고무하는 등 국력낭비를 가져온다는 점이다. 북한은 대남사이버심리전을 통해 시기별, 이슈별로 국내 노동운동권과 학원운동권에게 투쟁지침을 하달하여 각종 불법노사분규를 선동하고 있으며, 금번 등록금투쟁 선동에서 보듯이 '제2의 촛불투쟁'을 부추기고 있다. 이러한 사태는 결국 학생 및 일반 국민들의 법경시 풍조를 만연시키며 불법투쟁을 조장시키는 것이다.

---

38) 북한의 선거투쟁에 대한 상세한 설명은 유동열, 북한의 대남전략, 통일부 통일교육원, 2010, 36-37면 참조.

일곱째, 우리사회에 전쟁공포를 만연시킨다는 점이다. 북한과 종북세력이 사이버심리전 차원에서 끊임없이 전개하는 '서울 불바다' 등 북한의 지속적인 전쟁협박공세가 우리 사회에 먹혀 들어가고 있다는 점이다. 이것이 심화될 때 우리사회는 심각한 전쟁공포로 인한 공항사태가 발생될 수 있으며, 이른바 굴종된 형태의 이른바 평화운동이 힘을 얻게 되는 것이다. 궁극적으로 북한의 대남사이버심리전 목표가 그대로 달성되고 있는 것이다.

여덟째, 북한과 연계된 사이버심리전을 방치했을 때, 수령유일독재체제인 김정은정권과 위장 평화통일방안인 북한의 연방제 통일론 등 북한체제와 대남적화노선을 정당화해준다는 점이다. 또한 2011년 초부터 다방면으로 제의하고 있는 지속적인 대화공세를 통해 대내외적으로 북한의 평화이미지를 선전하고 있다. 한편, 북한의 대남노선인 "주한미군 철수, 국가보안법 철폐, 조미 평화협정 체결, 양심수 석방" 등을 정당화해주고, 김정은 찬양선전으로 우리국민들에게 북한 김정은에 대한 환상을 갖게하여 부정적 이미지가 긍정적 이미지로 바뀌어 김정은신드롬을 만연시키고, '남조선인민들의 통일대통령·통일영수 추대'라는 북한의 내부선전에 역으로 이용당하고 있는 실정이다.

아홉째, 국제사회에서 대한민국에 대한 부정적 여론을 조성시켜 국익훼손을 가져온다는 점이다. 대표적 사례로 천안함폭침사건 시 국내에서 각종 의혹을 집중 선동하여 정부 조사발표에 불신감을 표하고, 심지어 모 시민단체의 경우 유엔에까지 북한의 천안함폭침 자행을 부정하는 청원서를 보내는 등 국가망신을 자초하고 있다. 경제적 측면에서 북한의 대남심리전을 방치하면, 한반도의 전쟁발발 등 안보상황의 불안정성을 과대 선전하여 주식시장의 혼란과 국제투자자들의 단기자금 회수사태, 신규투자포기 등의 악영향을 발생시킬 수도 있을 것이다.

열째, 북한의 대남사이버심리전은 국민들의 안보의식과 대북경각심을 희석시켜 감상적 평화의식과 '연공연북, 민족공조, 친북의식' 확산하여 자유민주체제의 무장해제를 초래할 수 있는 것이다. 특히 정통 자유민주세력의 입지를 축소시키고 체제수호의 기능을 수행하는 안보기관 및 대공기능의 무력화를 초래시킬 가능성이 농후하다.

열한번째, 종북세력의 사이버선동은 우리를 대남적화혁명전략에 말려 들어가게 하여, 결국 북한의 적화혁명을 촉진시키고 반문명적인 김정일체제의 공고화하는데 일조한다는 점이다. 또한 북한이 핵문제, 미사일발사 등과 관련한 사이버심리전을 통해 미국, 유엔 등 국제사회를 압박하여 북한에 대한 유화책을 유도하려 할 것이다. 북한의 지속적인 대남사이버심리전은 경제난에 허덕이는 북한주민들에게 전쟁분위기를 조성하여 김정일정권과 후계세습에 대한 충성 및 결집력을 강화시켜 주어 권력공고화에 악용될 가능성이 농후하며, 대남공작역량을 축적시키는 등 북한의 적화혁명 역량의 강화를 기여하고 있다.

4

세계 주요국의
사이버안보 대처실태

-김철우

개관

사이버 공간은 인터넷을 중심으로 각종 미디어들이 융합된 범지구적 전산망 인프라와 정보 및 서비스 공간을 지칭한다.[39] 오늘날 사이버 공간은 현실과 격리된 가상공간으로 존재하는 것이 아니라 현대인들의 경제활동, 통신, 금융 등 삶의 영역인 동시에 국가적 차원에서 보호해야 할 국가안보 공간으로 자리매김하고 있다. 문제는 사이버 공간 활용의 생활화 및 의존도가 높아질수록 안보적 취약성은 더욱 심화된다는데 있다. 실제로 국내외에서 수많은 사이버 테러, 기밀유출 및 국가기반 설비 관련 위해 행위가 폭증하고 있다. 그동안

---

39) 정보통신기술의 적용 영역이 확대됨에 따라, '사이버 공간'의 개념이 기존의 인터넷 등 컴퓨터네트워크에서 다양한 정보통신 장치, 기기들의 네트워크로 구성되는 가상 도메인 영역까지 확대되었다. 따라서 인터넷은 물론 통신 네트워크, 컴퓨터, 내장 프로세서/컨트롤러 등까지를 포괄하는 개념이다.

사이버 공간의 취약성을 정보보호차원으로 접근하여 방어위주의 대책마련에 집중되었던 추세였다면 최근에는 국가기반을 이루는 기능을 보호하고 극심한 정치사회적 혼란을 방지해야 하는 국면으로 취약성이 고조되고 있다. 적대세력의 조직적인 공격행위로 인해 국가위기 상황이 초래됨에 따라 전통적 안보개념이 아닌 새로운 '사이버안보' 개념의 도입 및 적용이 시대적 요청이라고 할 수 있다.

　세계 각국은 사이버 공간에 대해 국가안보적 차원에서 다각적인 대응체계를 정립해 나가고 있다. 자국의 실정에 맞도록 기본전략을 수립하고, 법적·제도적 뒷받침과 더불어 전문 인력을 양성하고 대응기술을 발전시켜 나가고 있다. 우리나라도 정보보호 역량 확충과 더불어 2010년 1월 국방부 직할 부대로 사이버사령부를 창설하는 등 사이버위협 관련 대응조치를 강화해 나가는 중이다. 일련의 대응조치에 만족할 것이 아니라 정보통신 기술의 급속한 발전으로 사이버 환경자체가 끊임없이 진화한다는데 주목해야 할 것이다. 주요 국가들의 대응체계나 조치에도 많은 변화가 수반되고 있다. 따라서 사이버 환경의 각종 도전요인을 '주요 국가들이 어떻게 극복해 나가는가?'를 고찰하여 시사점을 도출할 필요성이 제기된다.

　이러한 인식을 바탕으로 이 글은 미국을 비롯한 주요 국가의 사이버안보 대응 전략과 실태를 진단하여 한국적 상황에 적용가능한 시사점을 고찰한 것이다. 달리 표현하면, 본고의 기본시각은 '사이버 공간의 취약요인을 간파하여 대응하지 못하면 국가안보를 굳건히

하기 어려운 시대'라는 전제를 기초로 하고 있다. 연구목적의 당위성에도 불구하고 주요 국가들이 자국의 사이버안보 태세에 대해 자료 공개를 꺼리거나 매우 제한적으로 하기 때문에 이에 대한 심층적 실태 분석이 어려운 한계를 내포하고 있다. 그럼에도 불구하고 주요국의 전반적인 사이버안보 태세를 공개 자료를 기초로 분석하고 판별하는 것은 의미 있는 시도라고 사료된다.

세계 사이버안보 위협
현황 진단

가. 사이버 환경과 안보차원의 함의

'사이버안보'란 "사이버 공간의 다양한 공격위협으로부터 국가와 국민을 보호하고 국가목표 달성 및 국익증진에 기여하기 위한 안보전략 및 정책이다"라고 정의할 수 있다. 사이버안보의 하위개념인 사이버전은 지상전, 해상전, 공중전, 우주전에 이어 '제5의 전장'으로 인식되고 있다. 구체적으로 사이버전은 첩보전(espionage), 테러전, 기술전, 심리전, 정보작전이 복합된 개념으로서 공격자의 사이버 체계를 파괴하고 아측의 사이버 체계를 보호하는 일체의 활동이 포함되어 있다.

지난 10여 년 동안 국방 분야에서는 정보작전(Information Operations)의 일환으로 아국의 정보통신 시스템을 보호하고 적국의 정보통신 시스템을 파괴 또는 무력화하는 군사작전 차원으로 인식되어 왔다. 그러나 최근에는 사이버공간이 국민의 생활과 밀접해지고 전 지구적 연결망으로 인해 위기상황이 긴박하게 촉발되고 파급력 또한 심각한 수준에 이르기 때문에 물리적 군사작전 수준이 아닌 국가안보적 차원에서 대응체계 확립이 요망되는 분야로 부상하고 있다. 또한 사이버전은 〈표19〉에 예시한 것처럼 전통적 전쟁과 다른 특성이 내재되어 있다.

〈표19〉 전통적 전쟁과 사이버전 특성 비교

구 분	전통적 전쟁/전통적 무기	사이버전/사이버 무기
속도	기술 발달에도 불구 물리적 한계	빛의 속도로 빠르게 일어남
비용/효율	고비용 제한적 효율	저비용 고효율
공격 특성	공격자 식별 용이, 예측 가능	공격자 은닉, 익명성, 예측불가능성
전·평시 구분	비교적 분명	불분명, 은밀히 진행
활용 자원	자국 자원 한정, 시공 제한받음	전 세계적 자원(컴퓨터/서버) 활용, 시공제한 없음
파급 범위	국지적	광역성, 상상을 초월한 파급력 가능
기술 가용성	특정 국가에 제한, 강대국 절대유리	공격기술 습득용이(편재성)
피아/민군 식별	명확하게 구분	불명확/사실관계 확인 어려움
법적용	국제규범 적용 가능	현행 국제법 적용 곤란

특히 저비용으로 최대의 효과를 거둘 수 있는 전선 없는 전쟁, 비대칭전 양상과 익명성, 공격자 추적의 어려움 등으로 인해 해커, 테

러리스트 등 비국가행위자들의 공격이 용이하다. 현행 법률체계나 국제법을 적용하기 어려운 특성도 있다. 급변하는 사이버안보 도전 환경의 특징을 국가안보 맥락에서 정리해 보면 다음과 같은 함의를 식별할 수 있다.

첫째, 사이버안보는 국가총괄조직의 지도하에 민관군의 긴밀한 협력과 공동대응이 절실히 요청된다. 사이버안보를 이끌어 갈 총괄조직 체계가 구축되지 않고, 부문·기능별 대응팀 형식으로 운용하면 체계적 대응이 어렵다. 군차원의 사이버사령부의 경우에도 국가 차원의 '컨트롤 타워' 기능을 하는 조직의 조종통제를 받아서 운용되어야 효율적이다.

둘째, 정보통신 기술의 발전과 확산으로 사이버 공격자에게 유리한 환경이 끊임없는 진화한다. 공격자의 익명성이 보장되거나, 공격 진원지가 노출되어도 물리적 보복이 어렵고 현행 제네바 협약, 헤이그 협약 등의 국제법을 적용하기 곤란하다. 사이버 공격자의 은닉성, 익명성, 예측불가능성 등으로 인하여 예방조치 및 억제가 어렵다. 추적을 통해 발원지를 확인하더라도 사실관계를 입증할 근거가 미약한 경우가 많다.

셋째, 사이버공간에서 엄청난 영향력을 발휘하는 비국가권력이 출현하여 안보취약성이 증대된다. 특히 대한민국처럼 정보통신 기술의 발달이 국민생활 전반에 확산된 국가일수록 취약성이 고조된다. 적대국가로부터 개인에 이르기까지 무수히 많은 공격주체들이 국가권력을 무력화시키고 나름대로 영향력을 행사하거나 국가기반에 대한 직접적인 공격행위를 한다. 안보적 차원에서는 전통적인 억지전략이나 대칭적 방어 전략이 사이버 공간에서는 실효를 거두기 어려운 시대가 되었다.

넷째, 국가의 핵심기반 네트워크에 대한 사이버 공격은 전쟁행위로 간주하여 자위권 차원의 무력대응을 정당화하는 추세다. 예컨대, Stuxnet을 이용하여 국가의 송전 기반설비를 마비시킨다면 사실상 선전포고나 다름없기 때문에 무력대응을 정당화하는 요건이 된다는 것이다.

다섯째, 사이버전 대응을 위한 국제협약의 필요성이 제기되고 있다. 특히 사이버 공간에서의 자위권(Right of Self-Defense)의 범위와 수준, 권리행사 주체 등에 대해 공감대가 형성되지 못하여 국제법 권한에 의한 군사적 대응이 어려운 실정이다.[40] 이러한 한계에도 불구하고 눈에 보이지 않는 사이버전을 세계 각국이 치열하게 전개하는 중이라고 할 수 있다.

나. 사이버전 사례 분석

하버드대학 Joseph Nye 교수가 뉴욕타임즈 칼럼[41]을 통해 진단

---

40) 사이버전 무기는 대부분 물리적 피해와 관련이 없어 UN헌장 제2조 4항이 금지하는 '무력사용'으로 간주하기 어려운 특성이 내재되어 있다.
41) Joseph S. Nye Jr., Cyberspace Wars, The New York Times, Feb. 27, 2011.

한 바와 같이 2011년 현재의 사이버안보 상황은 핵무기 개발 초기의 상황과 비슷하여 법적·제도적·기술적·국제공조 차원의 대응체계 구축이 시급하다. 전반적으로 과거와 같은 기밀 탈취 또는 금품 요구목적이 아닌 사회적 혼란, 국가기반 시설에 대한 테러 목적의 공격이 증가하는 가운데 6가지 중요한 추세가 식별되었다. ①사이버 공격의 자동화 및 공격도구들의 속도향상, ②공격 도구의 능력 향상, ③취약성의 신속한 발견, ④방화벽 침투 증가, ⑤사이버 비대칭 위협 증가, ⑥핵심기반에 대한 공격 증가 등이다.[42]

사이버 공격이 개인적 차원이 아닌 국가적 차원에서 발생하여 국가간의 갈등이 심화되었던 대표적인 사이버전 사례를 살펴보면 다음과 같다.

첫째, 1999년 코소보 사태가 발생했을 당시 NATO의 유고 공격에 반대하는 해커가 NATO 군사령부 홈페이지를 변조하고 100여 대 이상의 서버를 DDoS 공격한 사건이 사이버전의 시초로 간주된다.

둘째, 2007년 4월 에스토니아전은 최초의 전면적 사이버전 사례로 손꼽힌다. 에스토니아 사이버전은 2007년 4월 27일부터 5월 18일까지 에스토니아의 의회, 은행, 정부부처, 언론사 등 주요 사이트를 대상으로 봇넷(Botnet)을 이용한 DDoS 공격이 이루어 진 것이다. 에스토니아 정부의 소비에트전 기념 동상 철거 계획이 발표된 이

---

42) 임종인, 사이버전 현황과 미래과제, 제1회 과총정책좌담회-사이버테러와 사이버전쟁, 발제자료, 2011년 7월 11일, p. 7.

후 러시아와의 마찰이 심화된 와중에 발생하여 전면적인 사이버공격을 가함으로써 사회적 혼란을 겪도록 만들었다.[43]

셋째, 2007년 중국 인민해방군 산하 해커부대가 미 펜타곤을 해킹하여 부시 대통령이 후진타오 중국 국가주석에게 유감을 표명했다. 2010년 1월 Google을 비롯한 30여개의 인터넷 기업이 중국에 위치한 해커들에 의해 매우 정교한 공격을 당했다. Google은 중국 해커들이 수많은 악성코드와 암호기술을 사용했다고 발표했다. 중국이 '해킹 발원지가 중국'이라는 미국측 발표를 부인함에 따라 외교적 갈등요인이 되었다. 2011년 3월 세계적 보안 기업 RSA가 피싱 메일에 심어진 엑셀파일에 포함된 악성코드에 감염되어 백도어 방식으로 비밀번호 생성 알고리즘 정보가 유출된 바 있으며, 이를 기반으로 2011년 5월 록히드마틴 등 미국 방위산업체들에 대한 해킹이 시도되었다. 2011년 6월 미국의 Gmail 계정 정보가 유출되어 고급관료를 겨냥한 국가 기밀해킹이 적발되었다. Google에서는 해킹이 발생한 지역이 중국인민해방군 보안부라고 밝히는 등 미국과 중국의 사이버전은 치열하게 '진행 중인 전쟁'에 비유할 정도로 심화되고 있다.

넷째, 2008년 6월 그루지아 역시 러시아로부터 대규모 사이버공격을 받았다.[44] 그루지아가 오세티아자치주의 독립문제로 남오

---

43) 에스토니아에 대한 사이버 공격을 영국의 BBC 뉴스는 '모스크바 발 사이버 전쟁'으로 보도했지만, 러시아 당국은 부인했음.
44) 공격자에 대한 정확한 식별이 되지 않았지만 '러시아 비지니스 네트워크(Russian Business Networks)'가 DDoS 공격의 발원지였다고 뉴욕타임즈 등 서방언론이 보도했다.

세티아를 공격하자 그루지아와 갈등이 있던 러시아가 참전하면서 전면적 양상으로 비화되던 와중에 발생했다. 2008년 6월 28일부터 사흘간 지속된 대통령 홈페이지, 외교부, 국립은행 등은 변조(defacement) 공격을 받았고[45], 각종 정부 홈페이지, 언론사, 주요 포털 등은 DDoS 공격을 받았다. 당시 사이버 공격이 물리적 공격과 병행됨으로써 사회 혼란 유발 및 통신 방해 등으로 전쟁의지를 저하시키는 결과를 초래하였다.

다섯째, 우리나라도 2009년 7월 7일 DDoS 공격에 이어 2011년 3월 4일 또다시 DDoS 공격을 당했다. 7.7DDoS공격은 61개국 435대의 서버를 이용해 청와대를 비롯한 국내 22개 사이트와 백악관을 포함한 14개 미국 웹사이트가 접속장애를 유발시킨 공격이다. 정부사이트, 포털사이트, 금융사이트, 백신사이트 등이 접속장애가 발생하거나 하드웨어 파괴명령에 의해 일반 PC 1,466대, 백신사업자 PC 160대가 손상되었다. 공격의 근원지 추적결과 북한 체신성에서 사용하는 IP주소로 밝혀졌고 공격대상·방법·시간 등이 미리 정해진 시나리오에 따라 일제히 공격이 이루어졌다.

여섯째, 2011년 3월 4일 북한 지역에서 발사한 GPS 교란전파로 인해 경기도, 서울 북부, 인천 등 수도권 일대에서 이동통신 서비스에 장애가 발생했다. 무선통신 장비 교란을 목적으로 이루어짐에 따

---

45) 그루지아 대통령 및 외교부 홈페이지에 '미하일 사카슈빌리' 그루지아 대통령의 사진이 히틀러의 사진과 함께 편집된 사진이 실리는 변조(defacement) 공격이 가해졌다.

라 사회혼란, 인천국제공항 등 국가기반 시설 마비 등을 획책한 새로운 수법이다.

일곱째, 2011년 4월 12일 발생한 농협 금융전산망 마비사태는 유지보수업체(IBM) 직원의 노트북을 7개월간 원격조종해서 금융자료 삭제명령을 작동시킴으로써 사회적 혼란을 초래한 대표적 사이버 테러사건이라고 할 수 있다. 농협 전산망 마비사건으로 북한의 사이버 공격능력에 대한 경각심을 제고하는 계기가 되었다.

일곱째, 2009년 6월 이란의 핵발전 제어설비에 대한 스턱스넷(Stuxnet) 공격은 구체적 목표를 상대로 국가기간 설비 마비를 겨냥한 사례로 손꼽힌다. 스턱스넷은 사이버 무기로 사용된 최초의 악성코드로 원자력, 전기, 철강, 반도체 등 주요 기반 산업 시설의 제어시스템에 침투해 오작동을 일으키는 멀웨어(malware)의 일종이다. 스턱스넷은 비교적 안전하다고 여겨지던 폐쇄컴퓨터망에 대한 사이버 공격이 가능함을 입증하는 것이다. 스턱스넷 공격은 인터넷에 연결된 윈도우 기반의 PC 감염을 통해 USB 저장장치를 통해 내부망에 침투하여 지정된 제어시스템을 교란시키는 방식으로 이루어진다. 안철수연구소에 따르면 2010년 7월부터 2011년 4월까지 10개월 동안 우리나라 전산망에 대한 스턱스넷 웜의 감염 시도 건수가 9,768건으로 집계되었다고 한다.

세계 주요국의
사이버안보 대응체계

가. 미국

(1) 미국의 사이버안보 전략 기조

미국은 1996년 대통령행정명령을 통해 '국가 기반구조 및 경제 기반시설을 보호'에 착수하여 1998년 5월 대통령훈령(PDD 63)으로 '국가기반구조보호센터'를 설치했다. 2001년 9/11 테러 이후 2003년 3월 국토안보부(DHS)가 신설되면서 기반보호차원을 넘어서 안보차원에서 사이버 공간을 관리했다. 국방부는 2005년 12월 사이버공간에 대한 작전개념을 정립하고 발전을 위한 구체적 조치를 취했다.[46] 2008년 3월 국토안보부(DHS) 장관 직속으로 국가사이버안보센터

---

46) 국방부가 2005년 12월에 발표한 'National Military Strategy for Cyberspace Operation'에 사이버안보 관련 정책방향을 제시했다.

(National Cyber Security Center)를 설치하여 범정부차원에서 사이버안보 기능을 총괄하도록 하였다.

2009년 1월 오바마 대통령 취임 이후 사이버 안보에 대한 강한 의지를 표명하고 구체적 조치를 취했다. 부시행정부에서는 사이버안보를 국토안보부가 주도했다면, 오바마 행정부에서는 백악관 주도로 이끌어 나가는 수준으로 격상시켰다고 할 수 있다. 구체적으로 백악관에 사이버안보 보좌관을 신설하고, 4성 장군이 이끄는 사이버 사령부를 창설하였다.[47]

2009년 5월에 발표된 '사이버 정책 검토 보고서(Cyberspace Policy Review)'는 사이버안보 관련 기본전략서다. 동 보고서에는 5개의 핵심 아젠다, 10개의 단기과제, 14개의 중기 실행과제를 제시되어 있다. 2011년 5월 16일 '사이버 공간에 대한 국제전략(International Strategy for Cyberspace)' 보고서를, 7월 14일 '사이버 공간에서의 국방부 운용전략(Department of Defense Strategy for Operating in Cyberspace)'을 발표하였다.[48] 일련의 사이버안보 관련 보고서들은 달라진 사이버 환경이 유발하는 안보차원의 도전요인을 인식하여 전략 및 정책방향을 제시한 것이라고 볼 수 있다.

---

47) 2009년 신설된 사이버안보 보좌관은 Melissa Hathaway가 임명되었으나 3개월 뒤 사퇴하여 12월에 하워드 슈미트(Howard A. Schmidt)가 임명되었다. 2009년 6월 23일 창설이 지시되어 2010년 5월 메릴랜드주 Fort Meade에서 공식 출범한 사이버사령부는 4만여 명의 전문 인력으로 구성되어 미군의 사이버전 방어/공격 활동을 총괄 조정·통합한다. 출범 당시 1년 예산은 약 1억5천만 달러(1,600억원)를 책정했다. 국방부는 긴축예산 와중에도 2012년 사이버예산으로 23억 달러를 투입한다.
48) International Strategy for Cyberspace : Prosperity, Secutiry, and Openness in a Networked World.

미국의 사이버안보 관련 전략 기조의 큰 흐름은 다음과 같이 정리할 수 있다.

첫째, 기본권적 자유를 보장하되 사이버 공간에서 국제평화와 안보를 위협하는 범죄행위를 방치해서는 안 된다는 점을 분명히 밝히고 있다. 미국의 목표는 개방적이고, 상호운용성이 보장되며(interoperable), 안전하고(secure), 신뢰성 있는(reliable) 기반설비를 증진시키기 위한 국제협력증진의 기조를 유지하면서 법질서를 구축할 필요성을 강조한다.

둘째, 사이버 공간에서도 자위권(right of self-defense) 개념을 행사할 수 있다는 점을 분명히 하고 있다. 사이버 공간이 무한대의 자유를 보장하는 것이 아니라 각 국가는 사이버 공간에서의 공격적 행위에 대항하는 고유한 자위권을 갖고 있다. 사이버전 전략을 방어위주에서 탈피하여 자위권 차원의 선제공격을 취할 수 있는 논리를 개발한다.

셋째, 네트워크 및 시스템을 파괴하려는 위해세력에 대해 억지, 억제력을 발휘하며 비국가 위해세력이나 행위자들에 대해서 사법권을 행사하며 국제적으로는 법 집행당국 간의 공조와 법제화 협력을 강화한다.

넷째, 사이버 공간에서의 적대행위에 대응하기 위해 군사협력관계를 맺고 있는 국가들과 공조하고 국제법적으로 허용되는 모든 수단을 동원할 권리를 갖고 있다. 군대는 마지막 대응수단이 될 것임을 분명히 밝히고 있다.

다섯째, 경제적으로는 국제표준화, 혁신역량 증진, 공개 시장 제도를 채택한다. 네트워크 자체에 대한 보안조치, 신뢰성 증진, 탄력적 복원 능력 확보를 강조한다.

여섯째, 사이버전은 전문인력 및 고도의 기술력이 필수적으로 요망되는 분야다. 암호화 기술, 사이버 공격 근원지 역추적 기술, 사이버 공격무기 개발 등 기반 기술의 확보가 절실한 분야다. 국가차원의 사이버안보 교육 계획(NICE)를 발표하여 체계적으로 전문인력 양성하고 대국민 사이버안보 의식을 제고시켜 나가고 있다.[49]

일곱째, 미국 의회는 사이버안보를 최우선하는 정부의 방침과 기조를 함께하여 사이버안보 관련 법률을 제정 또는 개정하는 입법조치를 활발히 추진했다.[50] 미국의 사이버안보 조직체계를 요약하면 〈그림6〉과 같다.

---

49) 2010년 3월에 발표된 '국가사이버안보 교육계획(National Initiative for Cybersecurity Education)'에는 국민인식제고 캠페인 추진, 정규 사이버보안 교육과정 개발, 연방인력 개발, 국가사이버안보 인력 교육 훈련 등 정책목표가 제시되어 있다. 2011년 8월에는 국가표준기술연구소(NIST) 주도하에 '국가사이버보안 교육 전략계획'이 마련되었다.
50) 2010년 5월 '연방정보보안관리법(FISMA)' 개정안을 통과시키고, 2011년 2월에 '사이버안보와 인터넷 자유 법안(S.413)', 4월에 '사이버안보 공공인지 법안(S.813)' 이 발의되는 등 의회차원의 사이버안보 지원 활동이 활성화되고 있다.

(2) 미 국방부 차원의 사이버전 정책 및 조직

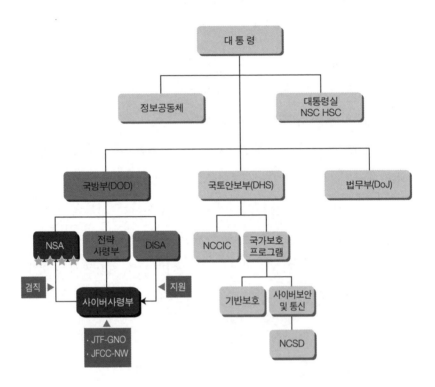

〈그림6〉 미국의 국가차원 사이버안보 조직체계

미 국방부가 2010년에 발표한 '국가안보전략(National Security Strategy)' 보고서와 '4년 주기 국방검토보고서(Quadrennial Defense Review Report)'에 기초하여 'DOD Strategy for Operation in Cyberspace'가 정책방향을 제시했다. 2011년 7월에 공개된 동 보고서의 핵심은 5가지로 제시된 전략적 이니셔티브이다.

첫째, 사이버 공간을 새로운 작전영역(operational domain)으로 천명했다. 이러한 이니셔티브의 구체적 구현 조치로 〈그림7〉처럼 4성장군이 지휘하는 사이버 사령부(USCYBERCOM)가 창설되고 사이버사령관이 정보기관인 NSA의 국장을 겸임하도록 했다.

〈그림7〉 미국의 국방차원 사이버전 조직체계

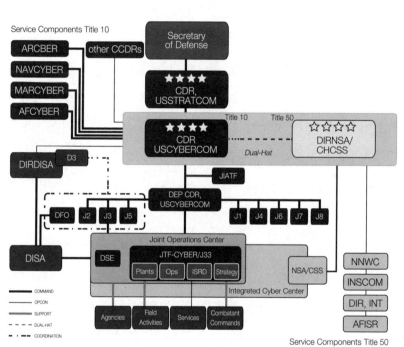

둘째, 사이버 보호체제 유지(보안)를 강조했다. 국방부가 운용하는 모든 네트워크 및 시스템에 대한 보안조치를 강화하고 통제 및

관리능력을 체계화하려는 것이다. 셋째, 범정부 차원의 유기적 협력을 통한 총체적 대응 필요성을 제시했다. 넷째, 동맹국 및 협력국과의 국제협력을 증진하고 민간영역과의 협력 필요성을 역설했다. 집단적 자위권과 집단적 억지력 발휘를 위해서는 국제협력 및 연합 훈련을 통한 대응 능력의 배양이 절실히 요구된다. 다섯째, 사이버 분야에 대한 우수 인력을 육성·확보하고 각종 장비를 지속적으로 업그레이드 할 당위성이 제시되었다.

미군은 사이버전 억지력을 보유하기 위해서 공격과 방어 기술이 적절한 균형을 이루어야 할 필요성을 인식하고 기술개발을 강화하고 있다. 공격진원지에 대한 사이버 대응공격을 위한 사이버상의 공격무기로 DDoS 등에 활용되는 Botnet 기술, 악성코드(malware) 및 스파이웨어 제작기술, 전자기펄스(EMP) 폭탄기술, 논리 폭탄 기술 등의 공격 기술을 개발하고 있다. 또한 '사이버 전사'로 지칭되는 전문인력 양성 및 확보를 위해 군자체적 양성과는 별도로 민간 분야의 전문인력 획득을 위한 정책적 노력을 강화해왔다. 2009년부터, 1만명의 민간 사이버 전문가를 식별/양성하기 위한 'US cyber challenge' 프로그램 시작했고 2010년 7월, 사이버관련 분야 인력의 신속한 선발을 위해 특별인사권한(일명 '스케줄 A')을 부여하기도 했다. 국방부는 국토안보부와 함께, 사이버전을 대비하여 2009년 국가 사이버전 연습장을 구축하고 '사이버 스톰(Cyber Storm)'으로 명명한 전국적인 사이버보안훈련을 실시해 오고 있다.

일반 국민들은 인터넷범죄신고센터(Internet Crime Complaint Center)를 통해서 사이버보안 의식을 제고하고 대응서비스를 제공한다. 2010년에 동센터에 접수된 신고건수가 30만 건에 달하는 것으로 조사되었다. 미국 기업의 90%가 2010년 해커의 공격을 받았으며 이중 59%가 2번 이상의 침해를 경험한 것으로 알려지는 등 범사회적 사이버보안 의식제고를 위한 대국민 홍보를 강화하고 있다.

전반적인 국방예산 긴축 와중에도 사이버안보 관련 예산은 지속적으로 증액해 왔다. 예컨대 2012년에 1,400여억 원의 예산을 투입해 가상 사이버 전쟁터를 구축하고, 공격용 사이버무기 개발에 2,300여억 원을 투자하기로 결정했다.

(3) 미국의 사이버안보 특징 및 시사점

미국의 사이버 안보 대응체계를 고찰하여 식별한 특징 및 시사점은 다음과 같다.

첫째, 사이버안보를 위해서 다차원 협력을 강화하는 정책방향을 취하고 있다. 사이버 공간의 잠재적 위협에 대응하기 위해 군사동맹, 국제협력, 민간영역에 이르기 까지 다차원 협력을 강화하고 있다.

둘째, 기존의 물리적 공간에 적용해 온 국제규범을 사이버 공간으로 확장하여 적용하고 새로운 국제규범을 만들어야 할 시대적 당위성을 인정하고 있다. 미국이 사이버체계 보호 및 사이버전 추진에

활용하고 있는 법률은 다양하다. 컴퓨터보안법,[51] 국토안보법,[52] 애
국법(USA Patriot Act),[53] 사이버보안강화법,[54] 해외정보감시법,[55]
법집행을 위한 통신지원법,[56] 연방보안관리법,[57] 태통령행정명령[58]
등이다.

셋째, 사이버 공간이 군 작전영역으로 공식 천명되었다는 점이다.
이를 통해서 군사적 분쟁 관한 법률(Law of Armed Conflict)에 관
련된 국제법을 사이버 공간에 적용할 준거를 천명한 것으로 해석할
수 있다. 특히 미 국방부가 외부 행위자의 자국 네트워크 및 시스템
에 대한 위협을 자위권 차원에서 적극적으로 대응할 가능성을 염두
에 둔 것으로 볼 수 있다. 다시 말하면 방어적 사이버 안보를 넘어서
서 적극적이고 공세적인 사이버안보 태세를 갖추었다.

넷째, 정보통신 기술의 급속한 발전을 국방분야에 접목시키려는

---

51) 컴퓨터보안법(Computer Security Act)는 1987년에 제정되어 미국표준기술연구소(National Institute of
Standards and Technology)를 중심으로 컴퓨터보안 관련된 사항을 규정하고 있다.
52) 국토안보법(Homeland Security Act)은 2002년도에 각종 테러로부터 미국의 국가기반을 보호하기 위
해 제정되었다. 사이버보안에 관한 규정은 총 17개장 중 제2장(정보분석 및 기반시설 보호) 및 제 10장(
정보보호)에 제시되어 있다.
53) 2001년 9.11테러 직후에 제정된 법률로서 통신감청을 포함한 각종 테러위협 수사권을 포괄적으로 보
장해 주고 있다. 컴퓨터 해커에 관한 형량까지 규정하는 등 사이버테러의 억제와 처벌의 법적 근거를 제
공하고 있다.
54) 사이버보안강화법(Cyber Security Enhancement Act)은 2002년에 국토안보법에 포함되어 제정되었
다. 사이버 공격에 대한 상세한 처벌 근거를 규정하고 있다.
55) 해외정보감시법(Foreign Intelligence Surveillance Act)는 1978년에 제정되어 해외정보 수집 차원의 감
청 권한을 인정하는 조항을 포함하고 있다.
56) 법집행을 위한 통신지원법(Communications Assistance for Law Enforcement Act)은 1994년에 제정되
어 수사목적을 위한 통신감청에 대해서 통신사업자의 협조의무를 구체화하고 있다.
57) 연방정보보안관리법(Federal Information Security Management Act)는 2002년 전자정부법의 하위법
으로 연방정보 정보자원에 대한 보호 및 통제, 사이버위협에 대응한 효과적 대응에 필요한 법적 근거를
마련해 놓았다.
58) 대통령 행정명령 중 중요한 것으로는 2008년 1월에 발령된 'HSPD-53 : 국가사이버안보센터 설립',
'NSPD-23 : 연방정부기관의 인터넷 모니터링' 등이 있다. 이러한 대통령 행정명령은 미국의 국가사이버안
전과 관련된 정책을 수립하고 집행하는데 필요한 근거를 제시하고 있다.

체제를 갖추어 나가는 노력이 식별된다. 특히 기술개발과 전문 인력의 중요성에 상응한 구체적 조치를 취하고 있다.

다섯째, 국방예산 감축 추세에도 불구하고 사이버전 예산을 대폭 확대하여 투자하는 것은 사이버전의 중요성과 대응체계 구축의 시급성을 반영한 것이다.

여섯째, 사이버안보 대응체계 구축에 미 의회가 전향적으로 협조하고 환경변화에 부응한 입법 활동이 활성화되고 있다.

나. 영국

영국은 국가안보 차원에서 테러에 이어 사이버 위협 관련 대응체계 확립에 우선적 가치를 부여해 왔다. 영국의 IT평가기관으로 명성을 인정받은 통신전자보안단(Communication Electronic Security Group: CESG)은 컴퓨터 사용이 확산되기 시작한 1993년 11월부터 전산보안(computer security)의 개념을 확장한 통신보안과 전자파보안을 포괄하는 정보보안(information security)이라는 개념을 사용하기 시작했다. 내각의 정보보증중앙지원국(Central Sponsor for Information Assurance)에서 국가차원의 정보보호 관련 기능을 총괄하며, 내무부 보안정보부(MI5) 산하 국가기반보호센터(CPNI),[59]

---

59) 국가기반보호센터(Center for the Protection of National Infrastructure)는 2007년 2월에 창설되어 국가보안국(MI5) 국장이 Security Service Act(1989)에 따라 지휘한다. CPNI는 영국의 국가 기간망에 대한 보안자문, 테러위협 차단 등의 기능을 담당하며 다수의 정부부처와 기관이 공조하는 시스템으로 구성되어 물리적 보안과 사이버 보안을 융합하는 기능을 수행한다.

외무부 산하 정부통신총국(Government Communications Head Quarters), 통신전자보안단(CESG) 등이 정보보호 업무를 수행한다.

CESG는 국가기관이나 정부부처, 경찰 등 공공부문에서 정보보호 업무를 수행할 전문가를 양성하는 과정을 운영한다. 또한 영국은 공공부문과 민간영역을 주도하는 기관 또는 사업자들에게 보안인증을 해주는 제도를 운영한다. 2009년에 사이버 안보국(Office of Cyber Security and Information Assurance: OCSIA) 및 사이버안보작전센터(Cyber Security Operations Centre)를 설립했다. OCS는 정부 차원의 전략적 지도력과 응집력을 제공하고, CSOC는 운용적 차원에서 사이버 공간을 모니터 하면서 즉각적 대응조치를 취하는 시스템을 구성하고 있다.

영국이 2010년에 공표한 'The National Security Strategy'에 따르면 사이버 공간의 위협에 대한 인식 및 대응 방향을 천명하고 있다. 구체적인 내용은 2009년 6월 총리실에서 작성한 'Cyber Security Strategy of the United Kingdom: Safety, Security and Resilience in Cyber Space'에 사이버 안보 관련 8가지 기본 방향을 제시되었다.

첫째, 인권, 법질서, 정부 신뢰, 정의, 자유, 관용 및 기회 등 영국이 지향하는 핵심가치를 지켜내는 원칙을 제시했다. 둘째, 냉철하게 당면한 위험, 목표, 능력을 평가하여 이를 기초로 사이버 안보를 구현한다. 셋째, 사이버 공간에서의 안보적 도전요인을 가급적 조기에 해결한다. 넷째, 국제협력을 통한 다자적 접근 방식을 취한다. 다섯째, 국내적 제 부문과 긴밀한 협력을 강화한다. 여섯째, 범정부차원의 통합적 접근방식으로 사이버 안보를 강화한다. 일곱째, 대응역량은 단호하고 유연하며 균형감 있는 능력을 보유한다. 여덟째, 사이버 안보를 보강하기 위해서 지속적으로 투자하고 학습하며 개선해 나간다.

영국의 사이버안보 관련 특징은 정보기관들이 사이버 위해 행위자들에 대한 첩보 및 정보 수집을 강화하여 그들의 위해의도가 행동으로 옮겨지지 못하도록 조치를 취하는 것이다.

주요 법률로는 조사권한규제법,[60] 컴퓨터부정사용법,[61] 대테러범죄 및 안전보장법[62] 등이 있다. 2011년 영국 국방부는 사이버안보에 1조 3천억 원의 예산을 투자할 것이라고 밝혔다.

다. 독일

독일은 1991년에 설립된 내무부 산하 '연방정보기술안전청(BSI)'이 실질적으로 국가사이버안전 업무를 총괄하는 기능을 한다.[63] 법

---

60) 조사권한규제법(Regulation of Investigatory Powers Act)은 2000년도에 제정되어 통신감청, 인터넷 및 컴퓨터 관련 모니터 관련 법적권한을 영국경찰에게 부여하는 근거를 규정하고 있다.
61) 컴퓨터부정사용법(Computer Misuse Act)는 1990년에 제정되어 비인가자에 의해 컴퓨터 접속을 금지하고 해킹방지 및 구체적 처벌조항도 제시하고 있다.
62) 대테러 범죄 및 안전보장법(Anti-terrorism, Crime and Security Act)는 2001년에 제정되어 각종 테러행위 대응에 필요한 사항을 폭넓게 규정하고 있다. 동법에 전화, 인터넷, 우편 등 통신테이터 보안조치를 위한 조항이 포함되어 있다.
63) BSI(Bundesamt fur Sicherheit in der Informationstecchnik)는 정보보호, 보안인증, 사이버테러 감시, 정보보안 기술 등에 관한 활동을 한다.

적 장치가 발달된 독일은 정보통신법(TKG), 연방정보기술안전청설치법 등을 통해 사이버안보를 뒷받침하고 있다.

2011년에 독일이 발표한 사이버 안보 전략은 미국의 사이버 안보 전략과 유사한 흐름을 보이고 있다. 특히 사이버안보를 위해서 필요시 무력사용을 포함한 자위권 발동에 대한 논거를 제시하고 있다. 2011년 2월에 연방정부 내무부가 발표한 'Cyber Security Strategy for Germany'에 따르면 사이버안보의 주체가 민간을 중심으로 이루어져야 하고 군대는 보완적 기능을 담당해야 한다고 밝혔다. 즉, 사이버 안보에 예방적 안보 전략 개념을 적용하고 있다.

국가사이버대응센터(National Cyber Response Centre)를 설치하여 국가차원의 컨트롤타워 기능 수행을 한다. 동 센터보다 상위 정책 수립 및 조정기능은 국가사이버보안위원회(National Cyber Security Council)가 담당하는 바 연방정부의 각 부처, 공공부문 및 민간부문 대표까지 참여하는 총리실 주관의 위원회다. 독일군은 2010년에 창설된 해커부대를 모체로 2011년 1월 '사이버 국방센터'를 신설했다.

독일은 유럽의 '사이버 범죄 협약(Cyber Crime Convention)'에 따라 사이버 공간에서의 효과적인 범죄 통제를 한다. EU 차원에서는 사이버방위센터(Cyber Defense Centre of Excellence)가 2008년 5월에 설립되어 독일이 중추적 역할을 담당하고 있다. 독일의 Munich에서 개최된 2011년 Security Conference에서 사이버 충돌

관련 문제를 해결하기 위한 국제규약의 필요성을 제기되었다. 기존의 전쟁 관련 국제협약인 제네바협약, 헤이그 협약을 사이버 공간에서 어떻게 해석하고 적용할 것인가에 대한 논의가 이루어졌다.[64] 당국은 1996년 대통령행정명령을 통해 '국가 기반구조 및 경제 기반시설을 보호'에 착수하여 1998년 5월 대통령훈령(PDD 63)으로 '국가기반구조보호센터'를 설치했다. 2001년 9/11 테러 이후 2003년 3월 국토안보부(DHS)가 신설되면서 기반보호차원을 넘어서 안보차원에서 사이버 공간을 관리했다. 국방부는 2005년 12월 사이버공간에 대한 작전개념을 정립하고 발전을 위한 구체적 조치를 취했다.[65] 2008년 3월 국토안보부(DHS) 장관 직속으로 국가사이버안보센터(National Cyber Security Center)를 설치하여 범정부차원에서 사이버안보 기능을 총괄하도록 하였다.

라. 일본

일본은 2000년 1월 과학기술국 등 16개 일본 정부기관의 웹사이트가 중국 해커들에 의해 해킹당한 사건이후 정보보호를 위한 다각적 조치를 강화해 왔다. 자위대는 2000년 10월 사이버 테러 대응 조직을 창설하였다. 2002년 4월 내각관방에 긴급지원대응팀(NIRT)

---

64) EastWest Institue에서는 'Working towards Rules for Governing Cyber Conflict : Rendering the Geneva and Hague Conventions in Cyberspace' 제하의 연구보고서를 2011년에 발표했다. 미국과 러시아의 보안 및 사이버 분야 전문가들이 사이버전 양상을 분석하여 구체적 대안을 제시했다.
65) 국방부가 2005년 12월에 발표한 'National Military Strategy for Cyberspace Operation'에 사이버안보 관련 정책방향을 제시했다.

를 설치하고 경찰청, 방위청, 총무성, 경제산업성 등이 각각 정보보호 시스템을 갖추고 NIRT가 총괄하는 방식을 갖추었다. 2005년 4월 내각관방 정보보안센터를 설치하여 주요기반 시설보호와 정보보안 활동을 총괄하고 있다. 국가정보보안센터(National Information Security Center)가 국가차원의 총괄조직으로서 역할하며 국민생활 보호, 국제협력 증진, 정보보안 관련 법률 시스템 조직 등의 구체화 조치를 전담하도록 했다.

2005년 8월 정부 사이버 보안팀을 확대한 바 있고, 지난 2006년에 'The First National Strategy on Information Security – Toward the realization of a trustworthy society'라는 보고서를 발표한 이후 내각관방 산하의 정보보안정책회의(Information Security Policy Council)에서 'Information Security Strategy for Protecting the Nation'을 발표하였다. 사이버안보 관련 주요 법률로는 전기통신사업법,[66] IT기본법[67] 등이 있다.

일본의 사이버안보 관련 정책방향은 크게 다섯 가지로 정리할 수 있다.

첫째, 사이버안보 개념보다는 정보보호 차원에서 각종 위험을 해소하여 국민생활의 안전을 구현한다.

---

66) 1984년 12월에 제정되어 2006년 6월 개정되어 전기통신 서비스 관련 공공복리 증진 차원의 이익보호에 관한 법률이다.
67) 공식명칭은 '고도 정보통신 네트워크 사회형성 기본법'으로서 2001년 1월에 제정되었으며 사이버안전 및 신뢰성에 관한 제반 사항을 규정하고 있다.

둘째, 정보통신 기술 관련 정책의 통합성을 강화하고 사이버 공간에서의 위기관리 전문성을 확보하고 국가안보를 강화하는 정책을 추진한다.

셋째, '국가안보, 위기관리, 국민 및 사용자 보호'라는 세 가지 측면을 포괄적으로 고려하는 정책을 수립하고 추진한다.

넷째, 대규모 사이버 공격에 대비한 조직, 정보수집 및 공유, 국제협력을 강화한다.

다섯째, 2008년 육해공 자위대가 참여한 상설 통합부대로서 '지휘통신시스템대'를 창설하고, 2010년에 사이버기획조정관을 신설하였다. 일본의 방위성 정보본부는 전통적으로 통신 및 신호정보에 능숙한 것으로 알려져 왔다.

마. 중국

중국은 사이버안보 전략을 상세하게 공개하지 않고 있다. 다만 2010년 국방백서에 중국이 군사력 현대화 측면에서 소기의 목표를 달성하였으며, 미래 안보환경에 능동적으로 대응하고자 우주, 전자, 사이버 공간에서의 '새로운 형태의 전투력'을 개발하고 있음을 시인하는 정도다. 그러나 중국군이 '사이버 공간에서의 국가안보 이익 수호'를 공개적으로 언급하며 사이버 및 우주공간에서 괄목할 수준으로 군사능력을 강화하고 있다.

중국의 인터넷에 대한 법적 규제는 2000년 10월 제15차 중국공산당 중앙위원회 제5차 전체회의부터 엄격하게 통제되어 왔다. 중국의 인터넷은 Chinanet를 통한 일괄접속 방식을 취하기 때문에 거대한 국가인트라넷 모습을 띤다. 중국 공산당은 반정부적 내용에 대한 통제와 더불어 정부정책을 홍보하는데 인터넷을 활용해 왔다.

사이버안보 관련 기관은 국가안전부, 공안부, 국가보밀국, 인터넷경찰, 중국침해사고 대응센터(CN-CERT) 등이 있다. 국가안전부가 국가차원의 사이버안보 조직을 총괄하는 역할을 한다. 주요 법률로는 '중화인민공화국 인민경찰법', '전국인민대회 상무위원회의 인터넷 보안유지에 관한 결정', '컴퓨터정보시스템 보안보호 조례' 등이 있다.

인민해방군 산하 군사과학협회에서 컴퓨터 해커를 양성하기 시작하여 1997년 4월 중앙군사위원회 직속으로 '왕뤄란쥔(網絡藍軍)'이라는 컴퓨터 바이러스 부대를 운용하는 것으로 알려지고 있다.

2000년 2월 '인터넷 기초총부'로 지칭하는 사이버전 부대(Net-Force)를 창설하여 세계 각국을 대상으로 사이버전을 수행해 왔다. 2011년 5월 25일 광저우 군구의 경우에도 사이버전 부대를 창설하여 1,000만 위안(약 16억원)의 예산을 배정했다고 알려지는 등 중국군의 사이버전 역량 확충 관련 정보가 속속 드러나고 있다.

인민해방군은 매년 약 5만명의 전문해커를 양성하는 것으로 추정되고 있다. 사이버전 관련 인원은 정부, 민간 IT 산업, 학계의 정보민병 등을 포함하여 약 40만명으로 추산된다. 3만명 이상의 사이버

특작조, 15만명의 민간 컴퓨터 고수를 보유한 것으로 추정된다. 인민해방군은 여러 대학 및 연구기관과 협력하여 관련 연구를 수행토록 하고 있다. 12개의 사이버전 훈련장 운영하는 것으로 알려졌다.

2001년 중국은 백악관 홈페이지를 공격한 것으로 알려졌다. 2000년에는 과학원 산하에 사이버 공격과 정보교란 모의 훈련을 담당하는 '반해커 부대'를 창설했다. 2003년 부터는 베이징, 광저우 등 4개 군구 산하에 전자전 부대를 창설하여 해킹기술을 개발하고 외국 정부기관 자료를 빼내고 있는 것으로 알려졌다. 중국의 인민해방군 소속 해커들은 미 국방부 전산망에 대한 해킹을 무차별적으로 시도하여 2007년 6월에는 게이츠 국방장관 집무실로 연결되는 전산망을 차단하는 비상조치까지 단행한 바 있다. 중국 사이버전 핵심은 '홍커(red hacker)'라고 부리는 100만명에 이르는 민간 해커들이다. 이들이 2001년 5월 미국과 중국의 군용기 접촉사고 때 백악관 웹사이트를 공격해 마비시킨 바 있다. 정부의 통제를 받지 않는 100만 명의 홍커들은 일종의 '사이버 예비군' 역할을 수행한다.

중국의 국가안전부는 2007년 11월 대만 군사정보국 소속 첩보요원이 해커라고 인식하고 공개수배령을 발령하는 등 대만을 겨냥한 해커전을 전개한 바 있다.

바. 러시아

러시아는 사이버 분야에 국가차원에서 관심을 기울여 연방보안부(FSB), 정보보안센터(ISC), 연방정부통신정보부(FAPSI) 등이 중추적 역할을 담당한다. FSB 산하 정보보안센터가 사이버보안에 대한 총괄기능을 담당한다. FSB 산하의 해커는 세계 최대 규모로 알려지고 있다.

2002년도에 세계 최초로 해커부대를 창설하였으며, 공식적인 조직뿐만 아니라 해커들을 비공식적으로 고용해 사이버 공격에 활용하고 있다. DDoS 공격 등 우수한 공격기술들을 상당수 확보하여 2007년 에스토니아에 대한 사이버 공격의 배후로 지목되었다. 법률로는 2006년 7월에 발효된 '정보, 정보기술 및 정보보호법(149–f3호)'이 있다. 2008년에 사이버부대 예산으로 1,524억원을 배정하는 등 사이버전력 강화에 노력을 기울여 왔다. 2008년 11월 러시아 해커가 미군의 컴퓨터네트워크 시스템에 바이러스를 침투시키는데 성공하였고, 2008년에는 그루지아를 대상으로 전면적인 사이버전으로 공격을 한 바 있다. 사이버 무기로 상대국의 C4I체계와 감시 · 정찰체계를 무력화하는 방안과 정보자산의 국산화를 위해 지속적으로 연구한다. 또한 자국의 정보자산에 대한 보안유지를 위해 러시아 기술진에 의한 통신 및 네트워크 시스템을 개발하는 것으로 알려졌다.

세계 주요국 대책의
시사점

최근의 사이버위협은 특정한 개인해커에 의한 공격이 아니라 북한, 중국, 러시아 등 국가단위에서 조직적으로 자국의 목표달성을 위해 기밀획득, 국가기반시설 공격, 사회혼란을 야기하는 이른바 '진화된 사이버위협(Advanced Persistent Threat: APT)' 양상을 띠고 있다. 이러한 위협에 대응하기 위한 주요국들의 사이버안보 대응체계를 개괄한 결과 다음과 같은 함의를 식별할 수 있었다.

주요국들은 자국의 실정에 맞도록 ①국가차원의 사이버 총괄조직 창설(재편), ②군차원의 사이버전 부대 통합(창설), ③사이버 범죄 관련 법제 보강 ④사이버 전사 및 전문인력 양성 등 4가지 분야에 국가 정책적 관심을 경주하고 있다.

우리나라에서도 2003년 1월 25일 인터넷 대란을 겪고 난 후 사이버 안전에 대한 대응조치가 국가안보차원에서 착수되었다.[68] 위에서 제시한 추세 중에서 세 번째 사항인 '법제' 분야가 상대적으로 취약한 것으로 사료된다. 현재의 '국가사이버안전관리 규정'은 대통령훈령 수준으로 법적통제 효력을 발휘할 여건이 마련되지 못한 상태다. '국가정보보호기본지침' 등이 있지만 선진국들의 법률체계에 크게 못 미치고 있다. 위에서 언급한 큰 흐름 이외에 사이버안보 발전차원에서 정책적 관심을 기울여야 할 사항을 몇 가지 제시하고자 한다.

첫째, 미국을 비롯한 주요국들이 국가사이버체계 방어 및 보호차원을 벗어나서 국가안보 차원의 자위권 개념에 따라 사이버공격의 역량을 갖추고 이미 국내법적 체제 정비를 마치고 국제법적 근거 확보를 위한 논리개발과 국제협력을 강화하고 있다.[69] 사이버전 위협을 국가안보차원의 심각한 도전으로 인식하여 조직체계를 재편하는 한편 법률·제도적 지원을 하는 것은 우리나라가 진지하게 교훈으로 삼아야 할 포인트다. 우리나라는 IT강국임을 자부하며 정보통신 기술 분야와 정보보호 관점에서 사이버공간을 인식해왔기 때문에 법률적 장치 마련에는 취약점이 심각한 수준에 이르고 있다.[70]

---

68) 국가정보원에 국가사이버안전센터, 한국정보보호진흥원에 인터넷침해사고대응지원센터, 국군기무사령부에 국방정보전대응센터 등의 사이버안전기구들이 신편되었다.
69) 현재는 2001년 헝가리 부다페스트에서 개최된 사이버범죄 관련 국제회의를 기초로 제정된 '사이버범죄조약(Convention on Cyber Crime)'에 30여 개국이 가입하여 2004년 7월부터 발효되고 있지만 실질적 구속력을 발휘하지 못하고 있다. 사이버전으로 인한 국가 간 갈등이 고조되자 헨리 키신저 전 국무장관은 '사이버 데탕트'의 필요성까지 제기하였다.
70) 우리나라의 국가사이버안보 관련 법률체계상의 문제점 및 대책은 정준현, '국가 사이버안보를 위한 법제 현황과 개선방향', 한국국가정보학회 학술회의 자료집(2011.11.30) 참조.

둘째, 사이버안보 대응체계는 국가기관, 민간, 군대, 정보기관, 동맹국, 국제기구에 이르기까지 긴밀히 공조하는 방향을 지향하고 있다. 각 국가별로 사이버안보 총괄기구를 확대재편하면서 독주가 아닌 긴밀한 협력체계를 지향하는 추세가 뚜렷하다.

셋째, 사이버전사 양성 및 대응훈련을 강화하고 있다. 사이버전을 수행할 전문 인력을 조기에 발굴, 육성, 관리 및 지원하는 시스템이 강구되고 있다. 이러한 관점에서 보면 우리나라가 고려대학교와 협조하여 사이버 국방학과를 창설하고 2012년부터 신입생이 입학하는 것은 사이버공간 수호를 위해 바람직한 정책이다.

넷째, 사이버공간에서 비국가권력이 출현하여 막강한 영향력을 행사한다. SNS 등의 뉴미디어를 사이버 공간에 접목시켜서 반체제 활동, 사회혼란 조성, 심리전 등을 전개하는 조직 및 개인들이 발호하는 현상에 대한 국가안보 차원의 대응조치를 위해서는 법적인 뒷받침이 절실히 요망된다.

다섯째, Stuxnet 기술의 진보로 인터넷망이 아닌 폐쇄컴퓨터망에 대한 사이버 공격이 확인되었고, 국가기반 시설 제어시스템에 대한 공격까지 현실화되는 등 사이버공격의 기술력이 획기적으로 향상되었다. 따라서 사이버전 보안기술 개발이 긴요하다. 해킹 역추적 기술, 고도의 암호기술, 밀리터리 포렌식 기술,[71] 사이버 공격무기 개

---

71) 사이버 공격을 당했을 경우 공격자에 대한 즉각적이고 객관적인 디지털 증거 수집 기술을 개발하는 분야다. 사이버 게놈(Cyber Genome) 데이터베이스 등을 이용하여 실시간 자동화체제를 구축하여 공격 진원지 역추적 및 대응 공격에 대한 국제적 명분을 확보하는데 기여한다.

발[72] 등에 대한 정책적 관심과 지원이 필요하다.

여섯째, 주요국 정보기관들이 사이버안보를 이끌거나 적극적으로 지원하는 기능을 활성화하고 있다. 미군의 사이버사령관의 경우에도 국가안보국(NSA) 국장을 겸직하고 있는 것은 통신감청, 암호기술, 방첩, 테러세력 추적 등의 경험과 기술을 사이버전에 융합시키는 체계를 지향하는 것으로 평가된다.

일곱째, 군차원에서 사이버전 대응전략 및 전술을 구체화하고, 사이버사령부가 주축이 되어 가칭 '사이버 교전규칙' 등이 마련되어야 한다.

사이버전은 현재 진행 중인 전쟁이다. 사이버 공간은 현실세계가 격리된 가상공간이 아니라 국민생활 공간이요, 국가안보 영역으로 자리매김하고 있다. 앞으로 이러한 현상은 더욱 심화되어 온라인과 오프라인의 구분이 모호해지고, 폐쇄적 내부컴퓨터망에 대한 침해까지 가능한 시대가 되었다. 이러한 새로운 안보도전을 극복하기 위해 세계 각국은 사이버 안보의 중요성에 상응한 대응체계를 구축해 왔다. 기존의 안보대책이 보안 및 방어위주로 지향했다면, 2011년에 들어서면서 국가 기간망을 흔드는 사이버 공격을 전쟁행위로 간주하고 물리적 군사력을 사용한 무력대응까지 정당화하는 추세다.

---

72) 파악된 공격 진원지에 대한 사이버 대응공격 기술을 개발을 목표로 한다. DDoS에 활용되는 Bot 기술, Stuxnet과 같은 산업기반시설용 제어시스템 공격 기술, EMP 폭탄 기술 등이 사이버 공격무기 기술에 속한다.

국가 송전망 차단과 같은 네트워크 공격은 사실상 다른 나라에 대한 선전포고로 여길 정도로 사이버공격이 물리적 전쟁의 촉발요인으로 부상하고 있다. 이에 따라 국제사회는 사이버전 국제협약을 마련하기 위한 노력을 지속하지만 국제적 합의를 이끌어내기 어렵다.

미국을 비롯한 주요국의 사이버안보 대응체계를 고찰해 본 결과 대부분의 국가들이 국방당국의 주도가 아닌 범국가적 협력체제를 구축하는 방향을 취하고 있다. 각 국가별로 사이비안보를 이끌어가는 중추적 총괄조직이 존재하여 법적, 제도적 지원은 물론 민간부문 참여, 의회의 전향적 지원, 국제적 공조에 이르기까지 복합적인 시스템을 구성하고 있다. 또한 사이버전 기술개발 및 전문인력 양성을 체계적으로 추진하는데 역점을 두고 있다.

주요국 사례 고찰을 통해 식별된 교훈은 ①사이버안보 관련 법률 제정(가칭 사이버안전 기본법) 및 정비 ②사이버안보 대응을 주도할 총괄조직 신설 또는 재편, ③청와대에 가칭 '국가사이버 안보조정관' 신설 ④미 의회의 경우처럼 국회차원의 사이버안보 관련 입법 활성화 ⑤범국민 사이버안보의식 고취 활동 등이다.

5

사이버안보 대책

-조영기 · 유동열

사이버공간이 21세기 새로운 안보영역으로 부각되고 있는 상황에서 사이버상 안보위해활동이 심각할 정도로 급증하고 있다. 특히 북한과 종북좌파세력들이 사이버공간을 활용하여 안보위해활동을 정교화하게 구사하고 있어 이에 따른 대책 마련이 시급한 실정이다.

북한과 종북좌파세력들은 사이버상에서 우리 국민을 대상으로 무차별적으로 유언비어를 날포하고 허위 흑색선전 등을 통해 남남갈등과 국론분열을 심화시키며 사회혼란을 가중시키고 있다. 또한 2009년 7·7 사이버대란과 2011년 4월 농협전산망 해킹에 따른 전산마비사태에서 보듯이 국가기관망 및 공공망을 대상으로 한 사이버테러 및 사이버전(戰) 단계까지 활동영역을 확산시키고 있다. 2011년 7월 적발된 '왕재산간첩단' 사건을 보면 사이버공간을 간첩교신의 수단으로 이용했음이 밝혀졌다.

이렇게 사이버공간이 북한의 대남적화혁명과 국내 종북좌파세력의 사회주의혁명의 해방구가 되어 있는데, 이에 대응한 안보수사차원의 법적 제도적 장치는 매우 미흡하기만 하다.

2011년 북한에 의한 '3 · 3 디도스 공격'과 '4월 농협 전산망 무력화사건' 등을 계기로 정부에서는 국가정보원, 국방부, 경찰청, 방송통신위원회 등 15개 관계부처가 수차례 '국가사이버안전 전략회의'를 개최하여 2011년 8월 8일 '국가 사이버안보 마스터플랜'을 수립하였다. 이는 2009년 발생한 '7 · 7 사이버대란' 이후 수립한 '국가 사이버위기 종합대책'을 좀 더 발전시킨 대책이나, 북한 및 종북세력 등이 적화혁명차원에서 구사하는 사이버상 안보위해활동을 제어하기에는 매우 부족한 실정이다. 이에 본격적인 사이버테러나 사이버전을 상정한 사이버공학적인 접근이 아니라 실제 우리사회의 현존하는 사이버상 안보위해활동을 제어하기 위한 안보수사차원에서의 대책을 제시하고자 한다.

사이버공간에서 전개되는 북한 및 안보위해세력의 국가위해활동에 대한 대책은 첫째, 사이버 안보 대응체계(Systems)의 문제로 사이버 안보위해활동에 대응하기 위한 법제, 기구, 예산, 방어 및 추적장비, 기술적 대응 등에 대한 대책 둘째, 사이버 안보위해활동을 방지하는 행위자인 사이버 안보요원의 활동(activity)에 관한 문제, 셋째, 사이버안보 환경(Environment) 쇄신 등을 총체적으로 고려하여 대책을 제시한다.

사이버안보체제의 쇄신

가. 사이버안보관련 법령 제정 및 법령 보완

첫째, '(가칭)국가사이버 안보법'을 제정해야 한다. 21세기 중요한 안보영역으로 등장한 사이버공간에서 이루어지는 사이버테러, 사이버선전선동, 사이버간첩교신 등 다양한 국가안보위협에 대응하여 이를 포괄적으로 제어할 있는 단일한 법적 장치를 구축하자는 것이다. 미국은 9·11테러 이후 사이버 안보범죄와 관련한 제재수단인 애국법(Patriot Act), 정보개혁테러예방법(Information Reform and Terror Prevention Act of 2004)과 사이버안보강화법(CSEA)을 신설 제정한 바 있다

국회에서는 사이버관련 안보입법이 줄곧 발의되었으나 관심부족으로 자동 폐기된 사례가 있었다. 2008년 공성진 의원이 발의한 '국

가사이버위기관리법'이 그 사례다.

2005년 1월 30일 제정되어 2차례 개정한 '국가사이버안전관리규정'(대통령 훈령 제267호)을 모체로 법제화해야 한다. 사이버안보의 중요성을 감안할 때, 대통령훈령의 위상을 가지고서는 다양한 사이버 안보위협에 대해 효율적으로 대처하기에는 아주 미흡하다. 따라서 현재 '정보통신망 이용촉진 및 정보보호 등에 관한 법률'(정보통신망법), '전기통신기본법', '정보통신기반보호법', '통신비밀보호법', '국방정보화 기반조성 및 국방정보자원관리에 관한 법률' 등 관련 법을 포괄한 법적 근거장치인 '(가칭)국가사이버 안보법'을 제정하자는 것이다.

동 법에는 국가사이버안보의 대응체계, 콘트롤타워의 임무와 권한, 각 부처의 역할, 대응활동(상황분석, 경보, 대응, 복구, 추적수사 등), 사이버 안보위해활동시 구체적 처벌조항 등이 포함되어야할 것이다.

둘째, '(가칭)국가사이버 안보법' 제정이 당장 어려우면, 우선적으로 사이버상 안보위해활동 중 사이버상 유언비어, 흑색선전, 북한 등 반국가단체의 선전선동 게시행위, 사이버간첩교신 등을 규제할 수 있는 처벌조항을 현행 국가보안법 내에 신설하여 대응해야 한다.

현행 국가보안법을 가지고서는 사이버상에서 교묘히 자행되는 안보위해활동을 막기에는 매우 제한적이다.

셋째, 현 '정보통신망법'(정보통신망 이용촉진 및 정보보호 등에 관한 법률)에 인터넷상 허위사실을 유포했을 때 처벌할 수 있는 법 조항을 신설해야 한다. 국가안보에 위협이 되는 허위사실과 유언비어 등을 사이버상에 유포하는 행위를 규제하기 위한 최소한의 장치를 하자는 것이다.

18대 국회에서 한나라당 이두아 의원이 2011년 2월 28일 발의한 정보통신망법 개정안은 국회 해당 상임위에서 논의도 되지 못하고 폐기된 상태이다. 시급한 법개정으로 안보구멍을 막아야 한다.

2010년 12월 28일 '전기통신기본법' 제47조 제1항에 대한 헌법재판소의 위헌결정에 따라 천안함 폭침, 연평도 피격도발 사건 등 국가적으로 중대한 위기 상황에서 정보통신망을 통해 유포되는 허위 불법정보에 대한 법적 처벌이 불가능하게 됨에 따라, 이 법에서 규정하고 있는 정보통신망을 통한 유통금지 대상정보에 국방·외교·식품·환경·재난 및 전쟁·테러 등 국가적으로 중대한 분야에 대한 명백하고 현존하는 위험 상황에서 이와 관련된 허위 내용의 정보를 추가하고, 이를 위반한 경우에 그 위험성의 정도에 따라 3년 이하의 징역 또는 3천만원 이하의 벌금이나 5년 이하의 징역 또는 5천만원 이하의 벌금에 처할 수 있도록 함으로써, 정보통신망을 통한 건전하고 합리적인 표현의 자유를 최대한 보장하면서도 국가적으로 중대한 위기 상황에서 불특정 다수인의 생명·신체 또는 재산에 대한 구체적 위험을 야기할 수 있는 불법정보의 유통을 금지함으로써 사회

현 행	개 정 안
제44조의7(불법정보의 유통금지 등) ①누구든지 정보통신망을 통하여 다음 각 호의 이느 하나에 해당하는 정보를 유통하여서는 아니 된다. 1. ~ 8. (생 략) 〈신설〉	제44조의7(불법정보의 유통금시 능) ①————————————————————————————————————. 1. ~ 8. (현행과 같음) 8의2. 다음 각 목의 어느 하나에 해당하는 상황이 발생하였거나 발생이 긴박(緊迫)한 상황에서 이와 관련된 허위 내용의 정보 가. 전쟁 · 사변 · 교전상태 또는 이에 준하는 무력충돌 상황 나. 내란 · 폭동 · 테러 또는 이에 준하는 국가적 차원의 비상 상황 다.「재난 및 안전관리 기본법」제14조제1항에 따른 대규모 재난 상황
〈신설〉 9. (생 략) ②(생 략) ③방송통신위원회는 제1항제7호부터 제9호까지의 정보가 다음 각 호의 모두에 해당하는 경우에는 정보통신서비스 제공자 또는 게시판 관리 · 운영자에게 해당 정보의 취급을 거부 · 정지 또는 제한하도록 명하여야 한다. 1. ~ 3. (생 략) ④(생 략) 제71조(벌칙) 다음 각 호의 어느 하나에 해당하는 자는 5년 이하의 징역 또는 5천만원 이하의 벌금에 처한다. 1. ~ 8. (생 략) 〈신 설〉	8의3. 다음 각 목의 어느 하나에 해당하는 사항에 관하여 불특정 다수인의 생명 · 신체 또는 재산에 대한 위험이 발생하였거나 발생이 긴박한 상황에서 이와 관련된 허위 내용의 정보 가. 국방 · 외교에 관한 사항 나. 식품 · 환경 또는 보건의료에 관한 사항 다. 경제정책 · 무역거래 또는 재정에 관한 사항 9. (현행과 같음) ②(현행과 같음) ③——————————제1항제7호 · 제8호 · 제8호의2 · 제8호의3 및—————————— ———————————————————————————————. 9. (생 략) ②(생 략) ③방송통신위원회는 제1항제7호부터 제9호까지의 정보가 다음 각 호의 모두에 해당하는 경우에는 정보통신서비스 제공자 또는 게시판 관리 · 운영자에게 해당 정보의 취급을 거부 · 정지 또는 제한하도록 명하여야 한다. 1. ~ 3. (생 략) ④(생 략) 제71조(벌칙) 다음 각 호의 어느 하나에 해당하는 자는 5년 이하의 징역 또는 5천만원 이하의 벌금에 처한다. 1. ~ 8. (생 략) 〈신 설〉
9. ~ 11. (생 략) 제72조(벌칙) ①다음 각 호의 어느 하나에 해당하는 자는 3년 이하의 징역 또는 3천만원 이하의 벌금에 처한다. 〈신 설〉 1. (생 략) 2. ~ 5. (생 략)	9. ~ 11. (생 략) 제72조(벌칙) ①——————————————————————————————————. 1. 제44조의7제1항제8호의3을 위반하여 공공연하게 허위 내용의 정보를 유포한 자 1의2. (현행 제1호와 같음) 2. ~ 5. (현행과 같음)

질서의 건전성을 확보하는데 기여하려는 것이다.[73]

넷째, 현 '통신비밀보호법'상 '통신사실 확인자료'(인터넷접속 로그기록 등)의 보관의무를 위반했을 시 처벌조항의 신설도 필요하다. 동 법에서는 통신사실 확인자료의 보관기간 등 전기통신사업자의 협조의무를 대통령령으로 정하고 있으나, 이에 불응할 시 강제방법이 미비하여 무시되는 경우가 많아, 이의 문제점을 보완하자는 취지이다. 인터넷상 안보위해활동 행위자에 대한 추적시 통신사실 확인자료는 매우 중요하나 전기통신사업자가 보관기간을 어기고 임의로 삭제했을 시 강제조항이 없어 추적수사가 난관에 부딪치는 상황이 비일비재하다.

다섯째, 통신비밀보호법상 '통신기관의 감청시설 구비의무' 조항 신설 등도 요망된다. 또한 전가통신사업자의 국보법상 반국가단체 및 이적단체 사이트의 자동폐쇄, 자동삭제 의무를 부여하는 조항도 신설해야 한다.

여섯째, 정부가 차단한 종북사이트에 접속하는 행위, 즉 프락시서버를 처벌할 수 있는 법조항, 국내 사용 트위터 등 SNS 서비스를 실명화할 수 있는 법적 근거, 구글 등 외국계 통신정보사업자들의 수사협조 거부시 국내 사업을 제한할 수 있는 법조항 등이 꼭 구비되어야 한다.

---

73) 18대 이두아 의원 대표발의, 정보통신망 이용촉진 및 정보보호 등에 관한 법률 일부개정법률안 제안서 중, 2011.2.28

나. 사이버 안보전담 총괄기구 및 사이버 안보보좌관 신설

첫째, 사이버상 국가안보를 총괄적으로 조정할 수 있는 정부 내 부서와 직제 신설이 필요하다. 먼저, 대통령실에 '사이버 안보보좌관'을 신설하여 사이버 안보위해상황이 발생했을 시 전문성을 가지고 대통령을 보좌하고 관련 의사결정과 대응이 신속히 이루어지기 위해 국가차원에서 대처해야 할 것이다. 사이버 안보좌관실에는 사이버 안보운용담당, 사이버 안보정보담당, 사이버 안보수사담당 비서관을 두고 체계적으로 대통령을 보좌해야 할 것이다.

그리고 사이버상 국가안보의 총괄집행조정은 사이버안보의 특성상 '국가정보원'으로 일원화하여야 한다. 현재 국가정보원 소속 국가사이버 안전센터를 법정기관으로 승격시켜 콘트롤타워로 해서 사이버 안보정책을 일관되게 추진해야 할 것이다.

이를 위해 국가사이버 안보위해상황이 발생했을 시 통합조정기구로 현행 국정원의 국가사이버안전센터 임무와 권한을 법적으로 명시해야 한다. 현행 대통령 훈령인 '국가사이버안전관리규정'(대통령훈령 제267호)은 법적근거가 미약하여 임무만 있을 뿐 권한이 낮은 관계로 각 사이버 관련 부처를 제대로 통제하여 조정통합의 효율화를 기하기 어려운 상태이다. 이러한 제반 사항을 명시할 법적 근거 장치인 '(가칭)국가사이버 안보법'을 제정해야 한다.

현재 국가적 차원의 총체적인 사이버안보 대응기구인 '국가사이버 안전센터'가 개소되어 운영되고 있는데, 이의 문제점을 지속적으로 파악해서 보완해야 할 것이다. 현재 동 기구의 설치근거인 대통령훈령 상의 미비점을 보완하기 위해 '(가칭)국가사이버 안보법'이 제정될시, 동 센터의 설치근거를 마련하여, 명실상부한 국가 사이버안보 대응기구로 거듭나야 할 것이다.

둘째, 국가사이버안전센터 내에 국가사이버전략회의와 별도로 사이버영역에서의 전문적인 안보수사를 조정, 통합하는 기구나 협의체가 신설이 필요하다. 사이버 안보수사를 담당하는 국가정보원(안보수사), 경찰청(보안), 국군기무사령부(방첩), 대검찰청(공안) 등 유관부서의 커뮤니케이션 채널을 활성화하여 각 수사부서들이 효율적으로 자료공유, 사법처리 강화 공감대 형성, 수사기법 활용, 상호간 합동수사체제 유지 등 유기적 협조체계를 구축하는 것이 필요하다, 이 과정에서 미국 등 주요 선진국의 사이버안보 구축사례를 벤치마킹 할 필요가 있다.

셋째, 국정원의 국가사이버안전센터가 중심이되어 국방부의 사이버방어사령부, 경찰청의 사이버안전센터, 보안사이버수사대, 방송통신위원회, 정보보호진흥원 등 사이버관련 부서와 사이버 안보수사부서의 횡적 커뮤니케이션 체널 확보가 필요하다. 사이버상 안보위해 탐지, 추적, 정보, 사이버작전 대응기능과 수사기능이 접목되어야 진정한 사이버상 안보태세를 구축할 수 있는 것이다. 각 기관이 할거주의 등으로 각기 활동하게 되면 안보위해활동세력에게 '안보틈새'를 허용하게 된다. 결국 국가안보전선이 비효율화와 고비용의 문제점으로 대두되는 것이다.

다. 사이버 안보관련 장비보강 및 예산지원

국정원의 국가사이버안전센터, 국방부의 사이버사령부, 경찰청 사이버안전센터, 방송통신위 등의 사이버관련 부서와 시설에 대한 장비보강과 예산지원이 뒤따라야 한다. 특히 상대적으로 관련 장비 및 시설이 미흡한 국정원, 경찰, 검찰, 기무사 등 사이버 안보수사관 련 부서에 대한 보안관련 장비보강, 시설지원 등이 시급하게 이루어 져야 한다. 예를 들면 경찰청 보안국 및 각 지방청 보안수사대의 경 우 사이버 안보수사시 디지털 증거를 확보하는 디지털포렌식 장비 가 충분히 확보되지 않아 안보위해행위자에 대해 합법적인 영장을 가지고도 동시에 압수수색과 포렌식을 못해 관련 증거를 확보하지 못하는 경우가 종종 발생하고 있는 실정이다.

다. 사이버 안보 비상상황 발생시 대응책 구축

첫째, 국가공공망(정보통신망, 금융망, 교통망, 교육망, 의료망 등 사회안전망 등)에 대한 '국가사이버안전센터'의 사이버 보안진단, 평 가 등 감사(정기, 수시)기능에 대한 법적 근거를 마련해야 한다. 특 히 사이버상 국가긴급사태가 발생하였을시, 모든 국가·공공·민간 사이버망을 국가가 효율적으로 관리하고 통제할수 있는 단계별 '(가 칭)사이버 긴급조치령', '(가칭)사이버 계엄령'을 발동할 수 있는 법적 근거도 필요하다.

둘째, 북한 및 안보위해세력들의 사이버공격으로 기존 국내 사이버망이 완전 무력화되었을시에 대비하여, 제2·제3의 비상 사이버망을 구축해야 할 것이다. 또한 현재 대전과 광주에 구축되어 있는 국내망의 무력화에 대응하여 제주 또는 해외공관에 최소한의 비상 사이버 가동망을 구축하는 것도 고려해야 한다. 특히 북한의 사이버공격에 대한 응전과 조속한 피해 복구를 위한 매카니즘 마련이 시급한 시점이다.

셋째, 북한의 사이버공격을 원천적으로 제압하기 위해서는 온라인을 통한 대응 외 오프라인 공간에서 북한의 사이버공격 원점을 제압하여 무력화하는 방법도 강구해야 한다. 최근 미국은 사이버 공격을 전쟁 행위로 규정하고 도발원점에 대한 폭격 등 무력 대응을 포함하는 대응 전략을 구축한 것으로 알려지고 있다.

사이버 안보활동의 쇄신

가. 사이버 안보요원의 안보관 정립

북한 및 종북세력들의 사이버 안보위해활동을 제어하기 위해서는 먼저, 안보수사요원들이 확고한 국가관과 안보관으로 무장해야 한다. 안보수사요원들은 국가안보와 자유민주주의체제 수호의 최전선에서 활동하는 체제수호의 마지막 보루라는 냉철한 시대인식과 사명감을 가져야 한다. 이는 국가의 사이버 안보위해 대응역량을 강화하기 위한 기본 요건이다.

나. 북한의 사이버공작 전술 파악

북한 및 종북좌파세력의 사이버 안보위해활동을 차단하기 위해서는 먼저 북한의 대남전략과 이의 하위체계인 사이버공작전술과 수행체계 및 투쟁행태에 대한 정확한 분석과 파악이 요망된다. 우리가 북한의 사이버공작전술을 제대로 이해하지 못할 때 우리정부의 사이버 안보수사는 시행착오를 겪을 수 있기 때문이다. 정확한 분석을 기반으로 하여 사이버상의 안보위해활동에 대한 대응력을 점검, 평가하여 문제점을 도출하고, 이의 수사기법을 보완, 개선해 나가야 한다.

다. 사이버 안보위해 3요소 차단

사이버상 안보위해활동을 근원적으로 해결하기 위해서는 이른바 사이버 안보위해운동의 3대 요소인 온라인상에서 '사상·조직·자금'에 대한 효율적 차단이 필요하다. 즉 ①사상의 와해 ②조직의 무력화 ③자금원의 차단을 단계적으로 진행해야만 한다.

첫째, 사상의 와해란 북한 및 종북세력의 세계관이며 행동준거인 지도사상의 토대를 무력화시키는 것이다. 즉 주체사상과 선군사상 등에 대한 체계적 대응으로 종북좌파세력의 확산수단인 의식화 공작을 차단하는 핵심대책이다. 따라서 사이버안보 대책에는 국가위해활동의 사상적 토대를 무력화시킬 구체적인 프로그램이 마련되어야 한다.

둘째, 조직의 무력화란 종북세력의 공개조직과 운용 웹사이트 뿐만 아니라 이들 세력을 배후에서 실질적으로 조종하고 있는 '지하 지도부'를 무력화시켜 제거하는 것을 말한다. 종북세력 조직들은 공개

조직과 지하지도부로 이원화(二元化)되어 있다. 특히 종북세력 뒤에는 북한의 대남공작지도부가 도사리고 있는 바, 북한과의 연계고리를 차단해야 한다.

셋째, 자금원의 차단이란 북한 및 종북세력의 실천투쟁력을 직접 뒷받침해주는 물적 토대를 와해시키는 것으로, 사이버 안보위해 운동의 동력이 되는 자금을 차단시키는 것을 의미한다. 종북세력의 자금원인 회비, 특별회비, 자체 수익사업, 불순세력의 찬조금 및 기타 수입 등을 체계적으로 차단할 수 있어야 한다. 종북단체의 자금원에 대한 추적을 강화하기 위해 더 강력한 자금차단 프로그램의 개발이 요망된다.

라. 엄정한 사법처리

사이버상 안보위해활동에 대한 엄정한 사법처리가 요망된다. 국가위해행위에 대한 개념없는 묵인이나 관용은 더 큰 사회혼란을 자초한다는 점을 상기해야 한다. 법과 원칙에 입각한 강력한 법집행은 종북세력들의 사이버안보활동에 심리적으로 위축감을 주어 그들의 활동을 억제하는 효과가 상당하다.

마. 사이버수사 전문인력 양성 및 교육훈련

사이버 안보수사 관련 전문인력의 양성 및 이들에 대한 지속적 교육훈련이 요망된다. 특히 사이버테러 등에 대한 대응력을 강화하고 사이버안보 수사역량을 제고하며, 북한의 사이버공작기구와 기술에 대한 지속적 연구, 전문요원에 대한 교육훈련 프로그램 개발 및 전문교육, 해외연수 등을 통해 정예화된 사이버 인력을 양성해야 한다.

특히 북한 및 종북세력의 정교한 사이버전술의 변화상에 부응하여 안보수사요원들도 북한, 재야, 노동, 학원, 교육, 종교, 문화예술계 등의 각 분야의 활동을 예측, 전망하고 사법처리하는 사이버 전문분석관 및 전문수사관을 양성, 확보해야 한다. 이를 위해 안보수사기관의 교육과정 내에 디지털포렌식 과정 등 전문교육과정을 신설하여 관련 요원을 집중 양성해야 한다.

북한은 앞에서 지적했듯이 사이버요원을 전문적으로 양성하고 직접 사이버공작에 투입하는 전문인력 양성시스템이 잘 갖추어졌으며 여기에 막대한 역량을 기울이고 있다. 이에 대응하여 우리도 전문사이버요원 양성시스템의 구축이 필요하다. 또한 사이버 안보요원에 대한 사기앙양책도 필요하다.

바. 사이버 보안기술의 지속적 개발

사이버 보안기술의 부단한 개발과 이를 위한 예산지원이 뒷받침되어야 한다. 날로 정교화 되고 있는 사이버안보위협 수단과 기술을 차단할 수 있는 사이버공학적 측면에서 상당 수준의 보안망 개발 및 구축이 요망된다. 특히 안보수사측면에서 2011년 왕재산간첩단사건에서 확인된 바와 같이 첨단 간첩교신 기법으로 활용되는 '스테가노그라피'방식과 이에 대한 대응기법이 시급히 마련되어야 하며, 사이버테러 수사를 위한 정교한 디지털포렌식 기법 개발, 인터넷 추적기술, 암호화·복호화 기술, 신기술 전파 및 추적장비 적시 보급 등의 사이버 안보수사기술이 개발되어야 된다.

사. 안보위해게시물의 신속한 차단

종북사이트의 안보위해게시물에 대한 신속한 차단이 요망된다. 이들 사이트를 통한 유언비어, 흑색선전이 난무하여 왜곡여론 조성 및 국론분열이 심각하기 때문이다. 현재 안보수사기관에서는 우리민족끼리 등 친북사이트 78개의 국내 접속을 차단하고 있으나 종북세력들은 프락시(proxy)서버 등을 통해 우회접속하여 이들 사이트를 접하고 있다. 종북세력들에게 악용되는 접속수단인 프락시서버 자제를 차단할 법적 근거가 불명확하고 수시로 프락시서버를 생성, 소멸, 변경시키기 때문에 기술적으로도 차단하기 어려운 실정이다. 친북사이트에 대한 신종우회접속기법이 속속 등장하고 있는데 이에 대응한 수사기법은 뒤쫓아가기 버거운 실정이다.

특히 트위터 등 SNS 서비스경우는 비실명 가입이 가능하여 특정 계정을 차단하더라도 다른 계정을 이용할 수 있어 현실적으로 기술적 사법적 규제가 어려운 실정이다. 따라서 부단한 추적기술, 차단기법 등 사이버수사기법의 개발이 시급히 요망된다.

현상황에서는 정보통신망법 제73조 제5호(방통위의 삭제명령 등에 불응한 게시판 관리, 운영자 등 처벌)에 의거 신속한 차단 및 삭제명령을 발동하고 불응시 적극적으로 사법처리를 행하여 안보위해물을 사이버상 게시하는 행위를 차단해야 한다.

아. 사이버 안보수사 관행의 쇄신

공판중심주의를 전면 도입한 신형사소송법에 부응하여 사이버 안보수사를 효율화하기 위해서는 안보수사 및 행태의 전면적 쇄신이 요망된다. 2008년부터 시행된 신형사소송법 하에서는 증거를 공개된 법정에서 조사한 다음 이를 바탕으로 형성된 법관의 심증을 토대로 피고인의 유·무죄를 판단하기 때문에, 기존의 조서중심의 보안수사 및 조사관행에 대한 전면적 쇄신이 필요하다.

따라서 북한 및 종북세력 등 사이버상 안보위해사건 수사시 피의자나 참고인의 신문조서 작성에 치중하기 보다는, 적법절차에 의한 디지털 증거수집 및 확보에 주력해야 하며 안보수사관이 직접 법원에 출두하여 수사과정과 증거를 제시하거나 조서에 대체하여 영상녹화제도를 활용하여 유죄입증을 기하는 것이 효율적이다. 이를 정리해 보면 다음과 같다.

- 적법절차에 의한 객관적 증거확보(채증)시스템 구축
- 수사시 압수·수색시 등 단계별 채증매뉴얼 마련
- 통신비밀보호법에 의한 합법적 통신제한조치로 증거확보

- 사이버보안수사 시 디지털포렌식 방법 구축
- 보안수사대에 영상녹화물 시설 확보
- 수사 전 과정에 대한 수사기록의 유지
- 효율적 신문기법, 채증기법 개발
- 변호인의 피의자신문참여 허용에 따른 대비
- 보안수사 완료시 '시민참여시스템' 구축
- 공판중심주의에 대한 외국수사기관의 대응사례 연구

자. 사이버 안보 경보시스템 구축

현재 국가사이버안전센터에서 시행하고 있는 '경보시스템'을 기존 일반 사이버경보와 차별화된 안보부문의 '사이버안보 경보시스템'을 단계별, 사례별로 구축하여야 한다. 즉 북한과 종북좌파세력의 사이버안보위해 활동에 대응한 별도 '사이버 안보수사 경보시스템'도 구축해야 할 것이다.

차. 역(逆) 사이버 공세

북한의 사이버 안보위해공세에 대응하여, 우리도 '역(逆) 사이버 공세'를 구사해야 한다. 안타까운 일은 북한이 인터넷을 운영하고 있지 않아 '역 사이버공세'를 취하기는 매우 제한적이라는 것이다. 그러나, 북한의 사이버 안보위해공세에 대응한 역추적·차단, 북한이 해외에 개설하여 운영중인 친북좌파사이트를 사전 무력화시키는 조치가 필요하다.

특히 국내 종북세력들이 주로 접속하는 원천사이트인 구국전선(반제민전 웹사이트)과 우리민족끼리(조평통 웹사이트) 등에 대한 해킹 등 무력화가 꼭 필요하다. 안보위해세력이 북한의 무제한적인 대남사이버 선전선동을 막기위해서는 이의 적극적이며 공세적인 차단조치가 필요하다.

타. 사이버 안보 점검목록 구축

정부의 사이버안보 관련 부서에서는 북한과 종북세력의 사이버위해 공세를 탐지, 방어할수 있는 '사이버안보 체크리스트(check list, 점검목록)'를 사안별, 분야별로 작성하고 관련 대응매뉴얼을 표준화하여 개발, 전파하여 선제적 차원의 사이버 안보수사 활동을 전개해야 한다.

하. 사이버 보안의식 고취

정부의 기밀이나 중요 자료가 사이버공간을 통해 외부로 유출되는 것은 외부의 사이버침략과 더불어 내부자에 의한 유출(의도적 유출, 내부자 실수로 인한 유출)도 상당 부분 차지하고 있는 바, 내부자로부터 기밀보호를 위한 사이버 보안활동 강화와 이에 대한 기술적 대응과 안보부서요원에 대한 사이버 안보의식 쇄신도 요구된다.

사이버 안보환경의 개선

가. 대국민 PR강화

사이버상 안보위해활동을 차단하기 위해서는 관련 법령신설, 개정 등에 대한 국민적 공감대 형성하기 위한 대국민 PR활동이 필요하다. 이를 위해 사이버상 안보위해활동의 심각성과 폐해를 신속하게 국민들에게 알려줄 효율적인 홍보메커니즘를 구축해야 한다. 국민적 동의와 합의를 바탕으로 입법 촉구운동을 벌여 사이버안보위해활동의 틈새를 막아야 한다.

우리사회 일각의 안보수사 활동에 대한 일부 부정적 이미지는 북한 및 종북세력의 왜곡 선동뿐만 아니라 국민들이 안보수사의 활동을 정확히 이해하지 못한데도 이유가 있는바, 이전의 폐쇄적인 안보수사 PR에서 탈피하여 적극적 PR을 수행해야 한다.

예를 들면, 사법부의 안보사건 판결시 일부 국민여론을 감안하는 현실에 주목하여 주요 사이버 안보위해사건의 수사결과, 북한 및 종북좌파세력의 불법투쟁 및 이의 폐해 실상 등을 신속히 보도하여 국민의 알권리를 충족시키고 안보수사요원의 정당한 안보수호활동을 홍보하며 국민들에게 안보수사요원에 대한 긍정적 이미지를 제고해야 한다.

안보수사 친화활동을 위해 대국민, 대언론, 대여론선동층에 대해 열린자세로 PR활동을 강화해야 하며, 쌍방향으로 국민의 여론을 수렴하는 '환류(feedback)시스템'도 구축해야 한다. 이를 위해 우리사회의 여론선도층 및 지도층 인사, 각계 전문가들에게 관련 자료와 정당성 논리 등을 제공하여 안보수사 친화적 여론형성에 주력해야 한다.

나. 사이버 안보수사 저해요인 제거

사이버상 안보수사를 저해하는 정치, 사회, 사법적 요인을 찾아 이를 타파하여야 한다. 정당한 안보수사에 대한 정치권의 공세 등 물타기, 종북세력들과 일부 변호사들의 집요한 사법방해행위, 사법부의 솜방망이 판결 등에 대한 근원대책을 강구해야 한다.

특히 사이버 안보사건에 대한 몰이해와 무지로 북한과 연계된 국내 안보위해세력들과 관련 단체 관련자들의 구속영장 청구를 연속기각하거나 무죄를 선고하는 사법부 판단에 대한 국가정체성 차원의 대책을 강구해야 한다. 예를 들면 사법부에 대한 대대적인 정화 작업을 전개하여 국가정체성과 헌법을 부정하는 불순판사들을 척결해야 한다. 또한 사법연수원에서부터 국가관과 국민윤리교육, 북한의 대남전략과 통일전선전술, 안보위해관련 세력의 실체와 전술을 소개하는 과목을 신설해야 한다.

또한 지난 정부시절, 정부 부분(정부소속 위원회 등)에 민주화인 사라는 명분하에 종북세력이나 종북비호세력들이 특채되어 지금도 기득권을 누리며 현정부의 시책에 저항하고 각종 종북세력들의 사이버 등 안보위해활동을 지지, 비호하고 있다. 또한 공공부문에 침투된 종북좌파편향 인사들을 청산해야 한다.

다. 민간차원의 사이버 안보감시망 구축

민간차원의 사이버 안보감시망을 구축해야 한다. 사이버 특성상 광범위하게 시시각각으로 행해지는 사이버 안보위해활동에 대해, 정부차원의 대응에는 한계가 있으므로, 건전 자유시민세력 등을 주축으로 민간차원에서 사이버 안보위해활동을 감시하고 대응체계 구축이 필요하다. 이를 위해, 복잡하게 분산되어 있는 민간역량을 결집하고 유사시 조정할 수 있는 '민간 사이버안보 네트워크'를 구축해야 한다. 최근 민간차원에서 결성된 '블루아이즈'(민간사이버 감시단체) 등의 활동은 돋보인다. 장기적으로는 민간차원의 '(가칭)사이버안보 민방위군', '(가칭)사이버 예비정보군' 등의 운영도 고려해야 할 것이다.

라. 민간사이버 전문인력 양성지원

민간차원에서 사이버전문인력을 양성하기 위해 각 대학 전산관련 학과를 대상으로 사이버전문장교 양성과정인 '사이버 ROTC'제도나 사이버전문 부사관 양성과정인 '사이버 RNTC'를 신설할 필요도 있다. 또한 고려대 정보과학대학원 등과 같이 민간대학원에 위탁하여 전문가를 양성하는 것도 지속적으로 추진해야 할 것이다.[74]

마. 민간 사이버관련자 대상의 사이버안보교육 강화

민간 전산망, 공공망에 전산담당부서에 근무하는 사이버담당요원들과 일반 네티즌을 대상으로 한 사이버 안보교육 및 사이버 윤리교육을 상시적으로 실시하여, 사이버안보에 대한 국민적 경각심과 이해를 제고해야 한다. 2011년 4월 농협전산망 마비사건의 발단은 농협전산망을 관리하는 한 직원의 안일하고 어처구니 없는 보안의식에서 비롯되었음을 지적한다.

특히 민간망이라 할지라도 금융망, 통신망, 교통망, 교육망, 사회안전망, 에너지망 등 국가기반사업에 종사하는 사이버관련 담당자

---

74) 미국에서도 사이버 보안 인력을 양성하기 위해 다양한 프로그램을 운영하고 있다. 석사 학위 이상의 고등교육과 신기술 연구 · 개발(R&D)을 수행하는 보안 연구센터가 국가안보국 지원으로 110여개 대학에서 운영 중이다.

들에 대한 정기적인 사이버보안 조사나 관련자들에게 대한 정기적인 보안교육을 실시할수 있는 법령근거를 마련하여 이를 실시해야한다.

바. 사이버 사상전 전개

현시기와 같은 사상적 혼돈국면에서는 사이버공간을 활용하여 북한 및 종북세력이 전개하는 '전쟁공세와 평화공세' 등 선전선동 및 유언비어 유포공세에 대응하여 일종의 사상전(思想戰)을 전개해야 한다.

특히 국가보안법의 입지가 어려워져 안보위해세력을 효율적으로 제어할 수 있는 장치가 원활히 가동되지 않는 상황에서는 이념투쟁인 '사상전'을 통한 북한의 대남선전선동노선의 확산을 막아야 한다. 향후 권력재편기에 대응하여 본격화될 북한 및 종북세력의 '평화로 위장한 전쟁공세'에 대해 사안별로 설득력 있는 대응논리를 개발하여 이들 주장의 부당성과 허구성을 규명하고, 선량한 국민들이 북한의 평화선동공세에 말려들지 않도록 해야 할 것이다.

사. 국제협력 체제 구축

국제적 협력체제 구축이 필요하다. 북한 등 사이버테러를 추적, 감시하고 위법사항을 신속히 제어하기 위해서는 경계 불분명·영역 광범위성·신속성 등의 사이버속성 상 미국 등 유관국의 정보수사기관과의 협조채널이 구축되어야 한다. 북한이 해외 사이버거점에서 외국의 서버를 이용하여 국내에 우회침투하고 있는데, 이들의 사이버공격을 추적하기 위해선 상대방 국가의 정보수사기관의 협조가 절실한 실정인 바, 상시적인 협조체제 구축이 긴요하다. 이를 위해 인터폴 및 유관국 정보수사기관과의 양해각서, 수사협조협정 체결 등의 노력을 기울여야 한다.

6

향후 전망 및 정책제언

향후 전망

가. 사이버 안보위해활동 전망 기조

현대사회에서 사이버공간은 중요한 국가안보의 영역으로 부각되고 있다. 향후에도 사이버공간을 활용한 북한 및 종복좌파세력의 안보위해활동은 더욱 가중될 것으로 전망된다. 그 근거는 다음과 같다.

첫째, 북한 및 국내 친북좌파권은 인터넷공간의 특징인 활용의 편이성, 확산의 신속성, 대상의 광범위성, 통신의 쌍방향성, 경비의 저렴성, 정보의 축적성, 사용자의 익명성 등의 유용성 즉 '저비용·고효율성'을 거듭 확인했기 때문에, 사이버투쟁을 더욱 강화할 것으로 보인다.

둘째, 최근 인터넷장비와 관련 소프트웨어의 급속한 발전, 스마트폰의 급속한 보급 등으로 사이버투쟁의 기법이 다양화되고 정교화

됨에 따라 SNS 등 사이버공간을 활용한 안보위해활동은 더욱 가중될 것으로 전망된다.

셋째, 주체사상과 선군혁명노선에 기반한 수령유일독재체제인 김씨정권이 건재하는 한 국내 종북좌파세력도 굳건히 유지될 것이다. 따라서 북한의 대남적화전략에는 근본적인 변화가 나타날 수 없으며 이에 따라 대남전략의 하위 체계인 대남 사이버적화공작도 대남적화전략에 충실히 복무하기 위해서는 사이버투쟁을 더욱 강화할 수 밖에 없는 것이다.

특히, 북한이 '2012년 강성대국의 진입과 2020년 실현'을 구체화하고 있는 상황에서 북한 및 종북좌파세력은 대남적화전략에 부응하기 위해서라도 사이버심리전 등의 강화가 필요하기 때문에 사이버 안보위해 활동은 더욱 정교화되고 공세화될 것으로 보인다. 북한이 2012년 사회주의 강성대국의 진입하여 2020년 강성대국을 완성하기 위해서는 2013년 안에 우리 내부에 대남혁명의 교두보(혁명의 결정적 시기구축)를 국내에 확실히 구축해야 하기 때문에 이의 수단으로 사이버공간을 적극 활용할 수 밖에 없는 것이다.

나. 세부 전망

첫째, 사이버공간을 통한 심리전이 강화될 것이다. 북한은 해외에 서버를 둔 친북인터넷사이트를 130여개 망과 기 구축된 SNS망을 통해, 향후 한국의 권력재편기(대선·총선) 앞두고 '반전평화·우리민족끼리' 등을 내세워 미군철수 및 미군기지 철폐, 북미 평화협정체결 등 반미 투쟁의식 고취 및 현정권 심판투쟁 선동, 민심교란과 민관군의 반목 등 남남갈등 조장, 전쟁공포 확산, 국가보안법과 공안기구(보안수사대 · 국정원 · 기무사) 철폐로 안보시스템 무력화, 무상복지심리를 악용한 복지투쟁 등의 대남 사이버투쟁을 전개할 것이다.

둘째, 향후 선거 공간에서 친북정권을 창출하기 위한 표심을 자극하기 위해 이른바 '전쟁과 평화공세' 등을 강화할 것이다. 북한의 사이버전담 부서에는 국내 종북세력과 연대 이른바 '댓글팀'을 총가동하여 국내에 조작된 정보와 여론을 확산시켜 국론분열과 사회교란을 부추키는 활동을 다양하게 전개할 것이다.

셋째, 북한과 종북좌파세력의 전문 사이버꾼들이 온라인을 통한 의식화, 조직화를 확대시키기기 위해 국내 주요 포탈망 내 대형 카페 동호회원 게시판 등을 장악하기 위해 '솔○○○' 방식의 사이버 적색공작을 대대적으로 확산시킬 것으로 보인다. 이 유형은 '저비용 · 고효율'의 좌경의식화 효과를 가져다 주는 새로운 의식화루트로 활용되고 있다.

넷째, 북한이나 종북세력은 기존 사이트와 함께, 기존 포털망이나 친북인터넷망을 활용하여 사이버투쟁의 확산을 위해 아른바 '경유(經由) 사이버투쟁'과 '사이버 알까기투쟁'을 강화할 것이다.

다섯째, 사이버공간을 활용한 정보수집에 치중할 것이다. 북한은 매시각 단위로 한국의 주요 국가기관망, 공공망, 금융망, 교통망, 사회안전망, 상용포탈망 등에 접속하여 각종 정보를 수집하고, 더나아가 허위정보, 역정보를 비밀리에 유포하는 등의 역(逆) 사이버공작을 강화할 것이다. 또한 이들 망에 대한 향후 고강도 사이버테러를 위해 사이버 보안시스템의 수준을 가늠하는 차원의 지속적 실험접속이 이루어 질 것이다.

여섯째, 향후 북한은 디도스 공격과 같은 낮은 단계 사이버테러에서 공공망 등을 마비시키는 높은 단계의 사이버테러를 구사할 것으로 보인다. 2011년 4월 12일 농협전산망에 대한 해킹공격을 통해 중간단계의 사이버테러역량을 과시하였는데, 이는 향후 북한이 자행할 높은 단계의 대형 사이버테러의 예고편이다. 향후에는 국가기관망, 공공망, 금융망, 교통망, 의료망 등 사회안전망, 교육망, 상용포탈망 등을 마비시키는 높은 단계의 사이버테러를 선보일 것이다. 좀 더 진화된 형태의 사이버테러가 자행될 것이다. 특히 트위터공간에서 계정폭파와 같은 SNS테러와 함께 이를 역이용하는 기법도 선보일 것이다.

일곱째, 사이버상 통일전선의 구축을 확대할 것이다. 북한과 종북좌파세력은 사이버공간을 이용하여 광범위한 통일전선 구축공작을 강화해온 바 있다. 2012년에는 낮은단계의 하층 사이버 통일전선을 지속 구축하고 높은 단계의 상층 사이버공작을 선보일 것이다.

여덟째, 사이버공산을 활용한 간첩교신이 더욱 첨단화될 것이다. 2011년 적발된 왕재산간첩단 사건에서 북한과 간첩단이 첨단 암호화 프로그램인 '스테가노그래피(steganograpy)'방식을 사용하여 교신하였음이 최초로 밝혀졌다. 북한은 왕재산사건을 교훈삼아, 이를 보안을 한층 업그레이드한 방식의 교신방법을 사용할 것으로 보인다. 또한, 북한은 이른바 '사이버 드보크(Syber Debok)' 등 교신수단을 더욱 발전시킨 형태의 드보크를 사이버상 도처에 설치하여 간첩 간 종북세력 간 연락수단으로 활용할 것이다.

정책제언

향후 사이버상 안보위해활동이 더욱 진화될 것으로 보여, 이에 대응한 안보수사기관의 사이버안보 대응력 제고가 필요한 시점이다. 현재 한반도를 둘러싼 안보전선(安保戰線)은 제1전선(전방전선), 제2전선(후방전선), 제3전선(해외전선), 제4전선(사이버전선), 제5전선(국가기관 침투전선) 등과 같이 매우 복잡하게 얽혀 있다.[75]

21세기 새로운 안보영역으로 부각되고 있는 제4전선인 사이버전선의 중요성은 아무리 강조해도 지나치지 않다. 사이버공간이 국가안보의 중요한 영역으로 등장한 이래, 북한 및 종북세력은 사이버안보전선에 구멍을 내기위해 혈안이 되어 있다. 대한민국의 자유민주

---

75) 유동열, 정부기관까지 침투하는 북세력 확실한 차단을, 동아일보 기고문(2010년 8월 10일자)

주의체제가 유지되는 이유 중 하나는 바로 국가안보라는 강력한 뚝(제방)이 있기 때문이다. 그러나 이 뚝에 바늘구멍만한 틈이라도 생기게 되면 그것이 문제가 되어 우리의 안보전선에 균열이 생기고 이를 계속 방치할 경우 체제붕괴라는 돌이킬 수 없는 엄청난 재앙을 겪게 된다. 북한과 종북세력들은 바로 우리체제의 뚝(자유민주체제)에 구멍을 내, 붕괴시키려는 적(敵)인 것이다.[76]

북한 김정은정권은 이른바 조선혁명전통계승과 유훈관철이라는 기치 아래 김일성 출생 100주년이 되는 2012년에 강성대국에 진입하여 2020년 내 강성대국을 실현하겠다고 적화통일로 독려하고 있다. 또한 국내 종북세력도 북한과 궤를 맞추어 통일강성대국을 건설하겠다고 내부적으로 이른바 대사변을 선포하며 총진군을 선포한 상태여서 사이버상 안보위해활동이 더욱 주목시 되는 상황이다.

2011년 북한에 의한 '3·4 디도스 공격'과 '4월 농협 전산망 무력화 사건' 등을 계기로 정부에서는 국가정보원, 국방부, 경찰청, 방송통신위원회 등 15개 관계부처가 수차례 '국가사이버안전 전략회의'를 개최하여 2011년 8월 8일 '국가 사이버안보 마스터플랜'을 수립하였다. 이는 2009년 발생한 '7·7 사이버대란' 이후 수립한 '국가 사이버위기 종합대책'을 좀 더 발전시킨 대책이나, 북한 및 종북세력 등이 적화혁명차원에서 구사하는 사이버상 안보위해활동을 제어하기

---

76) 유동열. 한국좌익운동의 역사와 현실. 377~378면

에는 매우 부족한 실정이다.

위와 같이, 그동안 대형 사이버안보사건이 발생했을 시 마다 정부는 많은 대책을 제시하였으나 핵심적인 사안인 '(가칭)사이버안보법'의 제정이나 '대통령실 사이버 안보보좌관' 신설 등 제대로 실현된 것이 없다.

정부는 대통령실 소속으로 사이버대책관련 특별팀(TF)을 한시적으로 발족시켜 본 책자에서 논의된 사항을 면밀히 검토하여, 범국가적 노력으로 사이버상 안보위해활동을 선제적으로 대처할 방안을 마련하여 실행해야 할 것이다.

참고 문헌

고원국, "국방부문 사이버테러 대응체계 구축방안", 제9회 정보보호 심포지엄 발제문, 한국정보보호진흥원, 2004.

국가정보원, 국가 · 공공분야 사이버테러 종합대책, 국가정보원, 2004.

국가사이버안전센터, 국가사이버안전매뉴얼, 국가사이버안전센터, 2005.

김철우 · 이강규 소셜미디어를 활용한 공보전략 연구, 한국국방연구원 연구보고서, 2012년 7월.

김철우 외, 군사기밀 공개 가이드라인 정책 연구, 한국국방연구원 연구보고서, 2012년 8월.

김흥광, "북한의 사이버전 대응과 전략", 비공개발표문, 2004.

_____, "사이버정보능력과 실태", 월간 북한 2009년 9월호, 북한연구소, 2009.

남길현, "사이버테러와 국가안보" 국방연구, 제45권 제1호, 한국국방과학연구원, 2002.

유동열, 사이버공간과 국가안보, 자유민주연구학회 세미나 자료집, 2012.2.7

_____, "북한의 대남사이버심리전 실태와 대책", 『2011 국방심리전 정책발전세미나』, 합동참모본부, 2011.9.29

_____, "북한 225국과 왕재산간첩단", 『북한 2011년 10월호』, 북한연구소, 2011.

_____, "북한의 사이버테러에 대한 우리의 대응방안", 북한민주화네크워크 세미나자료집, 2011.6.1

_____, "북한의 정치심리전과 국내정치 파급영향", 국가안보전략연구소 세미나자료집, 2011.6.29

_____, "북한의 대남전략과 도발의도", 제24차 세종국가전략포럼 발제문, 세종연구소, 2011.4.8

_____, "북한 조선노동당 개정규약 해설", 『월간조선』 2011년 2월호. 2011.2.1.

_____, "최근 북한의 대화공세와 통일전선전술", 코리아정책연구원 학술회의 발표논문, 2011. 2.18

_____, 『북한의 대남전략』, 통일부 통일교육원, 2010.

_____, "개편된 북한의 대남공작기구", 『북한 2010년 7월호』, 북한연구소, 2010.

_____, 정부기관까지 침투하는 북세력 확실한 차단을, 동아일보 기고문 (2010.8.10)

_____, "북한의 후계구도와 대남전략", 국가정보학회 연례학술회의 발표논문, 2010.11.24

_____, "국가안보위해세력의 사이버투쟁 실상", 『국방심리전 정책연구서』, 합동참모본부, 2009.

_____, "최근 북한 및 좌파권의 안보위해실태", 국가안보수사기관 정상화를 위한 국회정책토론회 발제문(2008.10.9)

_____, "북한의 통일전선론 체계와 구사실태", 북한학보 31집, 북한연구소, 2006.

_____, 북한의 대남전략체계와 기구의 실체, 통일부 통일교육원, 2006.

_____, "국내 좌파운동권의 사이버투쟁 실상", 제13차 공안문제연구소 세미나 발표논문, 2001.12.

_____, "적화된 인터넷매체를 고발한다" 한국발전리뷰 2003년 6월호, 한국발전연구원, 2003.

_____, " 안보의 사각지대, 인터넷과 PC통신", 자유공론 1997년 7월호, 한국자유총연맹, 1997.

이미정 · 한승환, "사이버공간에서의 국가안보위협요인 및 대책방안", 국방연구 제48집, 한국국방과학연구원, 2005.12.

이진수, "사이버테러리즘의 실태와 대책", 제25회 형사정책세미나 발표논문, 2000.

이강규, 세계 각국의 사이버 안보 전략과 우리의 정책 방향 – 미국을 중심으로, 초점 제23권 16호(통권 515호), 2011년 9월 1일

조영기, 한총련 출신 갑첩과 종복세력의 토양, 문화일보, 2010.11.12

_____,'사이버 애국법이 필요한다', 문화일보, 2011.2.11

_____,'사이버 공간은 종복의 천국', 문화일보, 2011.10.13

_____,'선거 틈탄 종복확산 차단 시급하다' 2012.3.21

정준현, 국가 사이버안보를 위한 법제 현황과 개선방향, 인터넷진흥원, 미국, 영국, 독일의 기반보호법 체계에 관한 연구, 2010년 12월.

허태회, 사이버 생활화 시대의 국민 방첩의식 제고 방안, 국가정보학회 학술회의 자료집(디지털시대와 국가정보 발전), 51-77, 2011년 11월 30일.

윤지환, 사이버범죄 수사방안에 관한 연구, 경찰청 국외훈련 연구보고서, 2004.7.

Abraham D. Sofaer, Seymour E. Goodman "The transnational dimension of cyber crime and terrorism", 2001.

Bronk, Christopher, Blown to Bits: China's War in Cyberspace, Strategic Studies Quarterly, pp. 1–20, 2011.

Federal Ministry of the Interior, Cyber Security Strategy for Germany, 2011. http://www.cio.bund.de/SharedDocs/Publikationen/DE/IT−Cicherheit/css_engl_download.pdf?_blob=publicationFile. 접속일: 2011년 12월2일.

Geer, E., Daniel, Jr. Cybersecurity and National Policy, Harvard National Security Journal, Vol 1, 203–215, 2010.

Information Security Policy Council of Japan, Information Security Strategy for Protecting the Nation, 2010. http://www.nisc.go.jp/eng/pdf/New_Strategy_English.pdf. 접속일: 2011년 12월 3일.

Nye, Joseph S. Jr., Cyberspace Wars, The New York Times, Feb 27, 2011.

Schoenfeld, Gabriel, Necessary Secrets: National Security, the Media and the Rule of Law, (New York, NY: W.W. Norton & Company), 2010.

United Kingdom, Cyber Security Strategy of the United Kingdom: safety, security and resilience in cyber space, 2009.

US Department of Defense, Department of Defense Strategy for Operating in Cyberspace, 2011. http://www.defense.gov/news/d20110714cyber.pdf. 접속일: 2011년 12월 1일.

US Whitehouse, International Strategy for Cyberspace: Prosperity, Security, and Openness in a Networked World, May 2011. http://www.whitehouse.gov/sites/default/files/rss_viewer/international_strategy_for_cyberspace.pdf. 접속일:2011년 12월 1일.

Eoghan Casey "Handbook of Computer Crime Investigation", 2002. Bronk, Christopher, Blown to Bits: China's War in Cyberspace, Strategic Studies Quarterly, pp. 1-20, 2011.

Federal Ministry of the Interior, Cyber Security Strategy for Germany, 2011. http://www.cio.bund.de/SharedDocs/Publikationen/DE/IT-Cicherheit/css_engl_download.pdf?_blob=publicationFile. 접속일: 2011년 12월2일.

Geer, E., Daniel, Jr. Cybersecurity and National Policy, Harvard National Security Journal, Vol 1, 203-215, 2010.

Information Security Policy Council of Japan, Information Security Strategy for Protecting the Nation, 2010. http://www.nisc.go.jp/eng/pdf/New_Strategy_English.pdf. 접속일: 2011년 12월 3일.

Nye, Joseph S. Jr., Cyberspace Wars, The New York Times, Feb 27, 2011.

Schoenfeld, Gabriel, Necessary Secrets: National Security, the Media and the Rule of Law, (New York, NY: W.W. Norton & Company), 2010.

United Kingdom, Cyber Security Strategy of the United Kingdom: safety, security and resilience in cyber space, 2009.

US Department of Defense, Department of Defense Strategy for Operating

in Cyberspace, 2011. http://www.defense.gov/news/d20110714cyber.pdf. 접속
일: 2011년 12월 1일.

US Whitehouse, International Strategy for Cyberspace: Prosperity, Security,
and Openness in a Networked World, May 2011. http://www.whitehouse.gov/
sites/default/files/rss_viewer/international_strategy_for_cyberspace.pdf. 접속
일:2011년 12월 1일.

부록

김정은체제의 변화와 전망

─유동열

이 글은 필자가 2012년 10월 30일 한국위기관리연구소와 한국군사문제연구원이 공동주최한 안보통일
세미나에서 발표한 논문을 일부 수정한 것이다.

I. 머리말

2011년 12월 17일 김정일 사망으로 권력을 이어받은 김정은정권이 출범한지 1년이 다가온다. 김정은은 일부의 우려와는 달리 김정일 사망정국을 신속하게 마무리하며 표면적으로는 안정적으로 정국을 관리하고 있다.[1]

특히 김정은은 이른바 2012년 4월 행사(제4차 당대표자회와 제12기 5차 최고인민회의, 4.15 행사)를 통해 조선노동당의 제1비서, 정치국 상무위원, 정치국 위원, 중앙군사위원장, 국방위원회 제1위원장 등에 추대되고, 이어 7월 18일 '공화국 원수' 칭호를 수여받음으로써 권력승계 작업을 완료하였다. 김정은이 북한의 당·군·정의

---

1) 유동열, "북한의 권력재편과 대남전략 변화가능성", 2012 제2차 대북정책 심포지엄, 세종연구소, 2012.5.10.

최고 직위에 올라 북한 통치자로 공식화된 것이다.

김정은체제 등장 이후 북한에는 김정일체제와는 다른 변화들이 일부 목격되고 있다. 예를 들면, ▲장거리로켓미사일 발사 실패, 즉시 보도 ▲북 노동신문에 김정은 외에 최영림 내각총리나 최룡해 북한군 총정치국장 현지지도 사진과 기사 등장 ▲모란봉악단의 파격적인 공연영상(짧은 미니스커트 등 현란한 옷차림, 미국영화 록키 주제곡과 미키마우스를 비롯한 캐릭터 인형 등장) 공개 ▲6.28 경제개선 방침 등이 그것이다.

이러한 변화를 놓고 특히, 일부 전문가들과 언론에서는 29세의 젊은 김정은정권이 등장하면서 개혁과 개방에 속도가 붙고 북한의 대남전략과 대내외정책노선이 많이 유연해질 것이라는 희망 섞인 긍정적 분석도 나오고 있다. 과연 그러한가?

이에 본고에서는 김정은정권 출범 이후 북한의 권력구도 개편에 따른 변화내용과 의미 및 향후 김정은체제의 정책노선 변화 가능성에 대해 진단해보고자 한다.

II. 김정은체제의
권력구도 변화상

1. 북한 권력구도의 변화 내용

가. 제4차 당대자회 개최

북한은 2012년 4월 11일 평양 만수대의사당에서 개최된 제4차 당대표자회에서 ①조선노동당 규약의 개정 ②김정일을 '영원한 당 총비서' 추대 ③김정은을 '당 제1비서' 추대 ④조직문제(인사개편) 등을 결정하며, 권력구도를 재편하였다.[2]

첫째, 제4차 당대표자회는 김정일을 '영원한 당 총비서'로 추대할 것을 결정하고, 김정일의 혁명생애와 불멸의 업적을 길이 빛내어 나

---

2) 북한의 권력변화상은 유동열, "북한의 권력재편과 대남전략 변화가능성", 2012 제2차 대북정책 심포지엄, 세종연구소, 2012.5.10. 참조.

갈 것을 결정하였다. 동 대회에서 〈위대한 김정일동지의 유훈을 받들어 경애하는 김정은동지를 우리 당의 최고수위에 높이 추대할데 대한 결정서〉(2012.4.11)를 발표하며, 김정은 당 제1비서를 중심으로 당의 강화발전과 주체혁명위업, 사회주의강성국가 건설위업의 완성을 위하여 투쟁할 것을 천명하였다.

둘째, 제4차 당대표자회는 조선노동당 규약을 개정하였다. 현재까지 전제 조문은 공개하지 않고 있다. 다만 북한이 공개한 〈조선로동당 제4차 대표자회 결정서〉(2012.4.11.)중 '당 규약 개정'에 대한 부분을 보면 ▲당 규약 서문에 김정일의 혁명업적을 명시 ▲조선노동당이 '김일성 · 김정일의 당'임을 명시 ▲당의 지도사상으로 김일성주의와 김정일주의를 명시 ▲김정은의 유일적 영도체계 수립 명시 ▲조선노동당의 당면목표와 최종목표를 수정, "조선로동당의 당면목적은 공화국북반부에서 사회주의강성국가를 건설하며 전국적 범위에서 민족해방 민주주의혁명의 과업을 수행하는데 있으며 최종목적은 온 사회를 김일성 · 김정일주의화하여 인민대중의 자주성을 완전히 실현하는데 있다"로 명시 ▲당 '제1비서' 직제 신설로 당 규약 21조, 22조 등에 명시된 '당 총비서'를 '당 제1비서'로 변경 등이다.

셋째, 조직문제로 정치국 상무위원, 정치국 위원, 비서, 당 중앙군사위원회, 당 부장 등 당 최고지도기관 및 중앙지도기관에 대한 인사개편을 단행하였다. 그 내용은 아래와 같다.

〈표1〉제4차 당대표자회의 인사개편 내용(보선)

직 책	대상자 (보선)
당 정치국 상무위원	최룡해
당 정치국 위원	김정각, 장성택, 박도춘, 현철해, 김원홍, 이명수
당 정치국 후보위원	곽범기, 오극렬, 노두철, 이병삼, 조연준
당 비서국 비서	김경희(조직지도담당?), 곽범기(경제담당)
당 중앙군사위원회 부위원장	최룡해
당 중앙군사위원회 위원	현철해, 이명수, 김낙겸
당 부장	김영춘(군사부장), 곽범기(계획재정부장), 박봉주(경공업부장)
당중앙위 위원, 후보위원	미발표
당중앙검사위원회 위원	미발표

나. 제12기 제5차 최고인민회의의 개최

북한은 2012년 4월 13일 평양 만수대의사당에서 제12기 제5차 최고인민회의를 개최하고, ①북한 사회주의헌법 수정·보충 ②김정은 '국방위원회 제1위원장' 추대 ③2011년 사업정형과 2012년 과업 보고 ④2011년 예산집행의 결산과 2012년 예산 보고 ⑤ 조직문제 등의 안건을 결정하였다.

첫째, 동 회의에서는 사회주의헌법을 수정, 보충하였다. 당시에는 전체 조문을 아직 공개하지 않았으나, 2012년 8월경 입수한 북한헌법을 보면, 기존 헌법의 구성체계와 기본내용, 혁명적 원칙을 고수하면서 주로 서문과 정권기구 부분을 수정, 보충하였다.

주요 내용을 보면, 북한헌법 서문에 김정일의 혁명업적을 규정하며 김정일을 '영원한 국방위원장'으로 추대하고 있다. 또한 정권기구를 개편하였는데, 북한 최고영도자 직책으로 '국방위원회 제1위원장' 직제를 신설하고, 기존 헌법에 명시한 '국방위원장'을 '국방위원회 제1위원장'으로 변경하기위해 헌법 제6장 제2절 제목, 제91조, 95조,100조~105조, 107조, 109조, 116조, 147조, 156조를 수정하였다.

둘째, 동 회의에서는 김정은을 '국방위원회 제1위원장'으로 추대하였다. 북한 헌법 제100조에서는 "조선민주주의인민공화국 제1위원장은 조선민주주의인민공화국의 최고 령도자이다"라고 규정하고 있어, 김정은이 북한의 최고 영도자임을 공식화하였다.

세째, 김정은의 제의형식으로 국방위원회 부위원장으로 김영춘(차수, 당 군사부장), 리용무(차수), 장성택(대장), 오극렬(대장)을, 국방위원으로 박도춘(대장, 군수담당 비서), 김정각(차수, 인민무력부장), 주규창(상장, 기계공업부장), 백세봉(상장, 제2경제위원장), 최룡해(차수, 북한군 총정치국장), 김원홍(대장, 국가안전보위부장), 리명수(대장, 인민보안부장)를 보선하였다.[3] 이에 따라 주상성(전 인민보안부장), 우동측(전 국가안전보위부 제1부부장)은 국방위원에서 소환, 즉 철직(撤直)된 것이다. 특히 주목할 점은 당시 북한군

---

3) 이중 장성택, 박도춘, 주규창, 백세봉은 당 관료출신으로 군사칭호를 받은 자들이다.

의 실세로 알려진 총참모장 리영호가 국방위원회 위원으로 포함되지 않았다는 것이다.

<표2> 국방위원회 개편

직책	대상자
국방위원회 제1위원장	김정은
국방위원회 부위원장(4명)	김영춘, 리용무, 장성택, 오극렬
국방위원회 위원(7명)	박도춘, 김정각, 주규창, 백세봉, 최룡해, 김원홍, 리명수

또한 최고인민회의 상임위원회 서기장으로 태형철을, 내각 부총리에 리승호, 리철만을, 내각부총리 겸 수도건설위원장으로 김인식을 임명하였다. 최고인민회의 법제위원으로 박태덕(황해북도 당 책임비서), 진경남(인민경제대학 총장)을 보선하였다.

다. 리영호의 해임과 김정은의 '공화국원수'칭호 수여

북한은 2012년 7월 15일(일요일) 전격적으로 당 정치국 회의를 개최하고 북한군 총참모장 리영호(70)를 모든 직위에서 전격 해임한 데 이어, 7월 16일에는 북한군 8군단장 출신인 현영철을 차수로 승진시켜 북한군 총참모장에 임명했다. 북한군의 실세로 알려진 리영호가 한방에 날아간 것이다. 또한 7월 17일에는 당 중앙위원회, 당 중앙군사위원회, 국방위원회, 최고인민회의 상임위원회 공동 명의로 김정은에게 '조선민주주의인민공화국 원수칭호'를 수여했다.

라. 제12기 6차 최고인민회의 개최

북한은 2012년 9월 25일 최고인민회의 제12기 제6차 회의를 개최하고 ①최고인민회의 법령 '전반적 12년제 의무교육을 실시함에 대하여'를 채택한데 이어, ②조직문제를 의안으로 다루었다. 북한이 발표한 조직문제를 보면 ▲홍인범(평안남도 당 책임비서)와 전용남(김일성청년동맹 중앙위원회 위원장)을 최고인민회의 상임위원회 위원으로 보선하였으며 ▲최희정(당 부장)을 직무변동으로 최고인민회의 예산위원회 위원장에서 소환하고, 곽범기를 최고인민회의 예산위원회 위원장으로 선출하였다.

마. 최근 군부인사 및 군사칭호 강등

2012년 10~12월에 걸쳐 군부 고위급에 대한 일부 인사개편 및 군사칭호 강등이 단행되었다. 그 내용을 보면 ▲현영철 북한군 총참모장에 이어, 최룡해 총정치국장도 차수에서 대장으로 강등되었으며 ▲김정각 인민부력부장은 차수에서 대장으로 강등되어 김일성군사종합대학장으로 보임되었고 ▲김격식[4] 인민무력부 부장은 상장에서

---

4) 김격식은 2009년 2월경 북한군 총참모장에서 해임되어 4군단장으로 이동한 후, 2010년 연평도포격도발시 한국군의 반격에 제대로 대응하지 못했다는 이유로 대장에서 상장으로 강등되어 철도성 부국장으로 보임되었다. 이후 인민무력부 부부장으로 회생하여 2012년 11월경 대장으로 복귀하여 인민무력부장에 임명된 것으로알려졌다.

대장으로 복귀되어 인민무력부장에 보임되었으며 ▲김영철 북한군 정찰총국장과 최부일 부총참모장은 대장에서 상장으로 강등되었으나, 보직은 유직하고 있다.

〈표3〉 북한군 인사개편 및 군사칭호 강등

내 용	대 상 자
차수 → 대장 강등	최룡해(총정치국장), 현영철(총참모장), 김정각(인민무력부장 → 김일성군사종합대학장)
대장 → 상장 강등	김영철(정찰총국장), 최부일(부총참모장)
상장 → 대장 복권	김격식(인민무력부부부장→인민무력부장)

2. 북한 권력변화의 의미와 특징

가. 김정은 권력승계의 절차적 완료와 김정은 통치시대의 개막

북한은 제4차 당대표자회(2012.4.11)와 제12기 5차 최고인민회의 (4.13)를 통해 김정은을 당 제1비서, 정치국 상무위원, 정치국 위원, 중앙군사위원장, 국방위원회 제1위원장 등에 추대하고, 7월 18일 '공화국 원수' 칭호를 수여함으로써 권력승계 작업을 완료하였다. 이는 김정은이 북한의 최고통치자로서의 위상을 확고히 하여 이른바 김정은의 통치시대가 열렸음을 의미한다.

김정은(김정일의 3남)이 김정일의 후계자로 공식 부각된 것은 2010년 9월 28일 개최된 '제3차 당대표자회'에서 이다. 그동안 후계자로 거론되었으나 공식적으로 전혀 이름 석자나 모습을 드러내지 않았던 김정은(金正恩)[5]이 베일을 벗고 등장한 것은 제3차 당대표자회를 하루 전인 2010년 9월 27일 '조선인민군 대장'이라는 군사칭호를 받고, 이어 9월 28일 제3차 당 대표자회에서 당 중앙위원과 당 중앙군사위원회(위원장 김정일) 부위원장에 선임되면서 부터이다. 이후 제3차 당대표자회 참석 사진과 동영상, 김정일 현지지도 수행관련 보도가 연이어 공개되면서 북한 김정일의 후계자로 기정사실화 되었다.

2011년 12월 17일 김정일 사망이후 북한은 김정은을 중심으로 비교적 안정적으로 사망정국을 마무리하였다. 특히 12월 17일 당 중앙위원회, 당 중앙군사위원회, 국방위원회, 최고인민회의 상임위원회, 내각 공동 명의의 김정일 사망보도문(12.19 발표)에서 '김정은의 영도'를 명시한 것과 이후 북한 언론에서 김정은을 '우리당과 국가와 군대의 최고영도자'로 표현하여 김정은이 유일한 후계자와 통치자임을 보여 주었다.

2011년 12월 30일 당 정치국회의에서 김정은은 조선인민군 최고사령관으로 추대된다. 김정은이 다른 직책보다 최고사령관에 서둘러 추대된 이유는 북한 통치의 실질적 무장력인 '군권(軍權)'을 장악

---

5) 물론 당 중앙군사위원회 위원장이던 김정일이 사망했으므로 중앙군사위 부위원장인 김정일이 군권을 대행하는 것은 당연하나. 최고사령관 직위에 추대됨으로써 절차적으로 군권 장악을 완료한 것이다.

해야 한다는 상징성 때문이다.[6]

특히 동 정치국 회의에서 〈조선로동당 중앙위원회 정치국 결정서: 위대한 령도자 김정일동지의 유훈을 받들어 강성국가건설에서 일대 앙양을 일으킬데 대하여〉를 채택하였는데, 이 결정이 '김정일의 10.8 유훈'에 의한 것임을 밝혀 북한에서 김정은이 2011년 10월 8일 김정일의 후계자로 공식 결정되었음을 알 수 있다.

〈표4〉 김정은의 권력승계 공식화과정

일자	직책
2010. 9. 27	조선인민군 대장 수여
2010. 9. 28	당 중앙위원, 당 중앙군사위 부위원장 선임
2011. 10. 8	김정일의 '10.8유훈', 김정은을 후계자로 공식결정
2011. 12. 17	김정일 사망
2011. 12. 17	김정일사망 보도문에 '김정은의 영도' 명시
2011. 12. 17	김정일 장의위원 서열1위(총232명 중)
2011. 12. 19	'우리당과 국가와 군대의 최고영도자'로 호칭
2011. 12. 30	조선인민군 최고사령관 추대
2012. 4. 11	당 제1비서, 정치국 상무위원, 위원, 중앙군사위원장 추대
2012. 4. 13	국방위원회 제1위원장 추대
2012. 7. 18	'조선민주주의인민공화국 원수' 칭호 수여

---

6) 동 정치국 결정서에서는 "오늘 우리 혁명의 진두에는 위대한 영도자 김정일동지의 유일한 후계자이신 경애하는 김정은동지께서 서계신다"고 하면서 "경애하는 김정은동지를 우리 당의 통일단결과 령도의 유일중심으로 높이 받들어모시고 정치사상적으로,목숨으로 결사옹위하며 정치사상강국의 위력을 더욱 높이 발양시킬 것"을 강조하였다.

이와 같이 2012년 4월 행사를 통해 김정은이 최고통치자이고 김정은의 통치시대가 열렸음을 대내외에 알렸으나, 다른 측면에서 해석해보면 김정은이 아버지 김정일의 권력승계시 와는 달리[7] 김정일 사망 4개월 만에 신속히 당·정·군의 최고직책에 오른 것은 그만큼 권력이 공고화하지 못하다는 반증이며, 서둘러 최고직책에 올라야 할 만큼 권력승계가 다급하다는 것을 확인해준다. 이는 향후 김정은 정권의 미래가 상대적으로 불안정함을 의미한다.

나. '김정일 10.8 유훈'에 입각한 김정은 후견세력의 분권화

2012년 4월 행사를 통한 북한의 권력개편에서 주목해야 할 점은 '김정은 후견세력의 분권화'를 들 수 있다. 당시 권력개편은 수령인 김정은이 독자적으로 행한 친정체제 구축이 아니라, 이른바 '김정일의 10.8 유훈'에 근거한 권력재편이라 할 수 있다. 즉 나이 어린 김정은[8]체제의 정권공고화를 지탱해주는 핵심 후견그룹을 분산시킨 절묘한 권력개편이라 평가할 수 있다.

김정은이 김정일 사망정국을 신속히 마무리하며 대내외적으로 비교적 안정된 모습을 보여주는 것은 김정은의 통치력이 아니라, 후견

---

7) 김정일은 1994년 김일성사망 이후 3년상을 치루고 나서 1997년 10월 당 총비서에 올랐다.

8) 김정은의 출생일은 1983년 1월 8일이다. 일부에서는 1982년생, 1984년생이라고 하나 김정일의 전속 요리사로 13년간 근무한 일본인 후지모토 겐지의 증언에 의하면, 김정은의 생일잔치상을 직접 매년 차려주었기 때문에 1983년 1월 8일생이 확실하다고 한다. 필자는 후지모토 겐지를 일본 동경에서 2010년 7월 23일과 10월 8일 두 차례 직접 면담하였다. 유동열, "김정일 요리사 후지모토 겐지가 추가로 밝힌 김정은", 주간조선 제2122호(2010.09.13.) 참조.

세력의 지지에서 나오는 것이다. 현 시점에서 보면 김정은이 북한 내 최고통치자로서의 위상이 확고하나, 김정은이 3년 이상 권력을 유지할지는 좀 더 지켜봐야 한다. 그 이유는 1964년부터 당사업을 시작하여 절대권력자인 김일성 밑에서 34년간 후계자 수업을 해온 김정일과는 달리, 김정은은 공식적으로 당사업에 나선 것이 불과 1년 3개월(비공식 후계수업 포함 3년) 정도 밖에 안되어 체계적으로 권력이양을 마치지 못했기 때문이다. 북한권력의 3대 기둥인 당(조선노동당), 군(조선인민군), 정(내각)의 작동원리를 제대로 파악하고 장악하기엔 시간과 역량(29세의 나이)이 부족하기 때문이다.

현재 김정은정권을 지탱하고 있는 북한의 후견그룹이 김정일과의 '혁명적 의리'를 지키며 계속 김정은을 지지해주냐의 여부가 권력유지의 관건이라고 본다. 김정은정권의 분산된 후견그룹은 다음과 같다.

제1후견세력은 김경희(김정일 여동생, 당 정치국 위원, 당 비서, 당 부장, 대장), 장성택(김경희 남편, 당 정치국 위원, 당 행정부장, 국방위 부위원장, 대장), 제2의 후견세력인 군부의 최룡해(당 정치국 상무위원, 당비서, 당중앙군사위원회 부위원장, 북한군 총정치국장, 국방위원, 차수에서 대장으로 강등), 현영철(북한군 총참모장, 차수에서 대장으로 강등), 제3후견세력(체제보위 집행세력)인 김원홍 (국가안전보위부장), 김격식(인민무력부장), 이명수(인민보안부장), 조경철(보위사령관), 김영철(정찰총국장), 김양건(대남사업 비서), 윤정린(호위사령관), 제4후견세력인 당 원로그룹의 김영남(최고인민회의 상임위원장), 김기남(당비서), 최영림(내각 총리), 최태복(당비서), 군의 원로그룹인 이을설(원수, 전 호위사령관), 이용무(국방위 부위원장), 오극렬(국방위 부위원장), 김영춘(국방위원), 현철해(국방위원, 인민무력부 제1부부장, 후방총국장) 등이다. 특히 이 중 제1후견세력인 장성택과 김경희의 흔들림 없는 지지 여부가 매우 중요하다.

〈표5〉 북한 김정은정권의 후견세력

분류	핵심 인사	기능
제1후견세력 (혈 맥)	김경희(김정은 고모), 장성택(김경희 남편)	정책결정
제2후견세력 (군부실세)	최룡해(군 총정치국장), 현영철(군 총참모장)	정책협의
제3후견세력 (정권보위그룹)	김원홍 (국가안전보위부장), 김격식(인민무력부장), 이명수(인민보안부장), 조경철(보위사령관), 김영철(정찰총국장), 윤정린(호위사령관), 김양건(대남비서),	정책집행
제4후견세력 (당·군 원로)	김영남(최고인민회의 상임위원장), 최영림(내각총리), 김기남(당비서), 최태복(당비서), 이을설(원수), 이용무(국방위 부위원장), 오극렬(국방위 부위원장), 김영춘(국방위원), 현철해(국방위원, 후방총국장)	원로우대 정책자문

만약 향후 3년상을 마칠 때까지 김정은이 권력을 유지하는데 성공한다면 장기집권의 가능성이 농후하다. 그러나, 후견세력의 돌변 등 여러 변수에 의해 3년 이내에 김정은이 실각할 시에는 장성택 중심

〈표5〉 북한 지도부 행사서열(2012.4 이후)

행사서열	이름(나이)	직책		
		당	군	정
1	김정은(29)	제1비서 정치국 상무위원 중앙군사위원장	최고사령관 국방위 제1위원장	국방위 제1위원장 (최고영도자) 12기 대의원
2	김영남(84)	정치국 상무위원	–	최고인민회의 상임위원장 12기 대의원
3	최영림(82)	정치국 상무위원	–	내각총리 12기 대의원
4	최룡해(62)	정치국 상무위원 비서 중앙군사위 부위원장	차수에서 대장 강등 총정치국장 국방위원	12기 대의원
5	장성택(66)	정치국 위원 중앙군사위원 행정부장	대장 국방위 부위원장	12기 대의원
6	현영철(60)	정치국 상무위원? 중앙군사위 부위원장?	차수에서 대장 강등 총참모장	12기 대의원
7	김경희(66)	정치국 위원 비서(조직?), 부장(조직지도?)	대장	12기 대의원
8	김격식(681)	중앙위 후보위원	대장 인민무력부장 (국방위원)	
9	박도춘(68)	정치국 위원 중앙군사위원 비서(군수담당)	대장 국방위원	12기 대의원
10	김영춘(76)	정치국 위원 중앙군사위원 부장(군사부장?)	차수 국방위원	12기 대의원
11	김국태(88)	정치국 위원 검열위원장	–	12기 대의원
12	김기남(83)	정치국 위원 비서(선전담당) 선전선동부장	–	12기 대의원

13	최태복(82)	정치국 위원 비서(교육담당)	-	최고인민회의 의장 12기 대의원
14	박도춘(68)	정치국 위원 중앙군사위원 비서(군수담당)	대장 국방위원	12기 대의원
15	양형섭(87)	정치국 위원	-	최고인민회의 상임위 부 위원장
16	강석주(73)	정치국 위원	-	내각 부총리, 12기 대의원
17	리용무(87)	정치국 위원	차수 국방위 부위원장	12기 대의원
18	현철해(78)	정치국 위원 중앙군사위원	차수 인민무력부 제1부부장 후방총국장	12기 대의원
19	김원홍(67)	정치국 위원 중앙군사위원	대장 국방위원 국가안전보위부장	12기 대의원
20	리명수(78)	정치국 위원 중앙군사위원	대장 국방위원 인민보안부장	-
21	오극렬(82)	정치국 후보위원	대장 국방위 부위원장	12기 대의원
22	김양건(70)	정치국 후보위원 비서(대남담당) 통일전선부장	-	최고인민회의 상임위원 12기 대의원

의 당·군 집단지도체제로 이어질 가능성이 크며, 북한은 장기적으로 권력투쟁에 휘말려 정국이 매우 불안정할 것으로 보인다.

2012년 4월 행사 이후 북한의 행사서열을 보면, '김정은-김영남-최영림-최룡해-장성택-현영철(리영호 숙청)-김경희' 순으로 호명된다. 김영남은 최고인민회의 상임위원장으로 최영림은 내각총리로 우대하는 서열임을 감안하면, 일반 서열은 '김정은-최룡해-장성택-현영철(리영호 숙청)-김경희-김격식'으로 볼 수 있으나, 실제 영향력 순을 볼 때, '김정은-장성택-김경희'가 실제 권력서열이라 할 수 있다. 향후 김정은정권의 공고화과정에서 김경희[9]와 장성택의 영향력은 더욱 확대될 것으로 보인다.

다. 군에 대한 통제 강화책: 민간관료 최룡해의 발탁

2012년 4월 북한의 권력개편에서 가장 두드러지는 인사는 최룡해이다. 최룡해는 당 정치국 상무위원, 중앙군사위원회 부위원장, 조선인민군 차수, 총정치국장, 국방위원 등에 선임됨으로써 직책상으로만 보면 '북한의 2인자' 반열에 올랐다고 할 수 있다.

최룡해는 1950년 1월 15일 황해남도 신천군 출생으로 부친은 1982년 사망한 최현(전 인민무력부장)이다. 1967년 9월 북한군에 입대하였고, 만경대혁명학원과 김일성종합대학(정치경제학부)를 졸업한 이후 사로청 부위원장(1981), 위원장(1986), 영웅칭호(1993), 김일성사회주의청년동맹 중앙위원회 1비서(1996), 당 부부장(2003), 황해북도 당 책임비서(2006), 최고인민회의 대의원(9기, 11기, 12기), 2010년 9월 조선인민군 대장, 당 정치국 후보위원, 당 정치국 후보위원, 당 비서, 당 중앙군사위원에 선임된 바 있다.

---

9) 김경희에 대한 자세한 설명은 유동열, 김정은과 함께 대장에 오른 김경희는 누구인가, 주간조선 제2125호(2010.10.04.) 참조.

최룡해의 부각은 이미 2010년 9월 제3차 당대표자회 직후 예견되었다. 당시 최룡해는 김정은, 김경희와 함께 북한군 대장의 군사칭호를 받고, 당 정치국 후보위원, 당 정치국 후보위원, 당 비서, 당 중앙군사위원 등에 선임되면서 주목받은 바 있다. 최룡해의 발탁은 김정은으로의 후계구도를 공고화하려는 김정일의 핵심 구상 중 하나라고 할 수 있다.

최룡해를 ▲당의 핵심보직인 정치국 상무위원 ▲북한군을 당적으로 지도통제하며 당의 조직사업과 선전선동사업(김씨일가 우상화)을 주도하는 군 총정치국장 ▲김정은 유고시 중앙군사위원장 직책을 대행하는 중앙군사위 부위원장 ▲북한의 최고지도기관인 국방위원 ▲북한군 차수 등에 임명된 것은 김정은을 보좌하여 북한군을 확실히 장악, 통제하겠다는 의지를 보여주는 것이다.

북한의 명실상부한 권력실세인 장성택이 직접 이러한 직책에 직접 오르지 않고 자신의 심복인 최룡해를 내세운 이유는 정책실패시 희생양 처리와 권력투쟁의 대상이 되길 꺼려서이다. 자신의 분신인 최룡해를 내세워 김정은 권력을 옹호, 보위하고, 자신은 뒤에서 실질적 권력을 행사하려는 것이다.

생전에 김정일은 북한군을 분권화시키고 상호 감시체제를 강화하여 체제공고화를 기한 바 있다. 김정일은 군(軍)이 수령유일독재정권의 핵심 보위세력이나, 정권방어 측면에서 보면 가장 두려운 집단인 점을 감안하여 '군의 분권화'를 통해 군을 통제하고 관리해왔다.

이를 이해하기 위해서는 군의 최고지도기관인 국방위원회(북한군 최고사령부와 동격임)의 체계를 살펴보아야 한다.

김정일은 북한군의 최고지도기관인 국방위원회를 통해 군을 분권화시켜 놓았다. 〈표7〉과 같이, 국방위원장(현재는 국방위 제1위원장) 겸 최고사령관에게 군권을 집중시켜 놓고, 이를 집행하는 기능을 총정치국(당적 지도통제), 총참모부(군령권 집행), 인민무력부(군정권 집행), 후방총국(군수지원), 간부국(군인사 담당), 호위총국(경호업무), 정찰총국(대남공작 담당), 보위사령부(군 사찰), 국가안전보위부(비밀경찰), 인민보안부(경찰) 등으로 분산시켜 놓고 상호감시체제를 가동함으로써 쿠테타 기도를 원천적으로 봉쇄하고 있다. 예를 들어 육군 · 해군 · 공군(항공 및 반항공군)의 무력을 직접 지휘하고 있는 총참모부(현영철)도 핵심부서이나, 후방총국(현철해)의 군수지원 없이는 독자적으로 작전을 할 수 없도록 해놓았다.

라. 군권(軍權)의 실질적 장악과 공포정치: 리영호의 숙청[10]

북한은 2012년 7월 15일(일요일) 당 정치국회의를 개최하여, 북한군 총참모장 리영호(70)를 모든 직위에서 전격 해임하였다. 북한군의 최고 실세 중 하나가 날아 간 것이다. 이어 7월 16일에는 북한군 8군단장 출신인 대장 현영철(61)을 차수로 승진시키고 총참모장

---

10) 유동열, "장성택 · 김경희가 리영호를 쳤다", 주간조선2216호(2012.07.23.) 참조.

<표7> 국방위원회 직속기관과 기능

부 서	기능
조선인민군 총정치국	군의 당적 지도, 통제
조선인민군 총참모부	육해공군 무력지휘(군령권)
인민무력부	군정권 집행
조선인민군 후방총국	군수지원 업무
조선인민군 호위사령부	경호,경비업무 전담
조선인민군 간부국	군 인사전담
조선인민군 정찰총국	대남공작 전담
조선인민군 보위사령부	군(軍) 사찰
국가안전보위부	국내 사찰(비밀경찰)
인민보안부	국내 치안유지(경찰)

에 임명했다.

7월 17일에는 당 중앙위원회, 당 중앙군사위원회, 국방위원회, 최고인민회의 상임위원회 공동 명의로 김정은에게 '조선민주주의인민공화국 원수칭호'를 수여했다. 이어서 북한군 최고령자이자 최고 계급인 원수 이을설(91) 등을 비롯한 북한군 원로와 지휘부가 손자뻘 되는 나이 어린 김정은에게 줄줄이 충성 맹세를 하는 전대미문의 장면이 조선중앙TV를 통해 방영된 바 있다.

리영호는 생전에 김정일이 나이 어린 김정은에게 권력을 안정적으로 이양하기 위해 군을 통제하고 충성을 확보할 카드로 전격 발탁되었다. 김정일은 2010년 제3차 당대표자회를 통해 3남인 김정은을 후계자로 공식화하고 북한의 3대 권력 축인 당(조선노동당), 군(조선인민군), 정(내각·최고인민회의)에 대한 인적 정비를 완료했다. 당시 김정일이 김정은을 위해 준비한 첫째 카드는 김정은의 제1후견 세력으로 핏줄인 여동생 김경희와 그 남편인 장성택을 전면에 내세운 것이다. 현 김정은정권 하에서 장성택과 김경희의 영향력은 당·정·군 모든 분야에서 절대적이라고 판단된다.

김정일이 준비한 둘째 카드가 바로 군 내부에서 김정은을 옹위하고 보위할 인물로 리영호를 발탁한 것이다. 리영호는 1942년 강원도 통천 출신으로 1959년 북한군에 입대했다. 김일성군사종합대학을 졸업하고 총참모부 작전국 부국장 등을 거쳐 2003년 평양방어사령관이 된 후 2009년 북한군 대장으로 승진해 총참모장이 됐다. 2010년 제3차 당대표자회에서 북한군 차수 승진과 함께 당 정치국 상무위원 겸 위원, 당 중앙군사위 부위원장, 당 중앙위 위원으로 임명되어 북한군의 최고 실세 중 하나가 된 인물이다.

그러나 김정일 사후 김정은의 통치시대에 이르자 김정일이 준비해 놓은 카드가 삐걱거리기 시작했다. 북한 군부에 대한 통제책의 하나로 민간 당관료 출신의 최룡해가 2012년 4월 제4차 당대표자회를 통해 당 정치국 상무위원, 중앙군사위원회 부위원장, 국방위원, 북한군 차수 겸 총정치국장으로 투입되어 북한군을 정치사상적으로 통제·감시하면서, 총참모장인 리영호와 대립, 갈등이 깊어졌다. 50년 이상 군에서 뼈를 묻은 리영호 입장에서, 민간 출신의 북한군 총정치국장인 최룡해의 통제와 간섭은 눈엣가시였을 것이다. 리영호가 사석에서 최룡해 주도의 총정치국에 불만을 표시한 것과 일련의 군지휘 과정에서 종파(宗派)성을 보여준 것이 군 사찰부서에 의해 최룡해, 장성택과 김경희를 거쳐 김정은에게 보고됐을 것으로 보인다.

리영호의 전격 해임은 언뜻 보면 민간 출신의 당관료인 최룡해 북한군 총정치국장과 총참모장의 대립에서 최룡해가 승리한 것으로 보인다. 그러나 속내는 다르다. 리영호 참모장의 최룡해 등 총정치국에 대한 불만은 임명권자인 김정은에 대한 불만으로 간주되는 중대 사안인 것이다. 수령유일독재권력의 속성상, 아무리 나이가 29세밖에 안 되는 수령이지만 김정은을 제1선에서 후견하는 장성택과 김경희에겐 김정은 체제 공고화를 위해선 용납할 수 없는 사안인 것이다. 이 과정에서 아마도 리영호에 대한 그간의 의리(후계권력 이양 과정에서 자신에 대한 충성) 때문에 주저하는 김정은을 장성택과 김경희가 설득해 당 중앙위 정치국 결정 형식으로 해임해버린 것으로 분석된다. 결국 리영호는 김정일에 의해 발탁되어 김정은을 가까운 거리에서 충실히 보필해왔고 장성택과도 외형상 원만한 관계였으나 '김정은 권력의 공고화'의 일환으로 숙청될 수 밖에 없었던 것이다.

리영호 전격 해임의 의미는 일부에서 제기하는 군부강경파에 대한 개혁개방파의 승리, 선군정치에 대한 당의 승리 등의 권력투쟁이 결코 아니다. 북한군 및 당 고위 관료들에게 수령(김정은)에게 충성을 다하지 않고 허튼 짓을 하면 한 방에 날아갈 수 있다는 명백한 경고를 보여 준 것이다. 바로 공포정치의 시작을 알린 것이다. 리영호 해임 직후인 7월 18일 김정은이 '조선민주주의인민공화국 원수'에 오른 직후, 북한군 최고령자이자 최고 계급인 원수 이을설(92세)을 비롯한 북한군 지휘부가 손자뻘도 안되는 어른 김정은에게 공개적으로 충성 맹세를 하는 장면이 조선중앙TV에 보도되었는데, 여기서 수령 절대주의 폭압체제인 북한정권의 속성을 엿볼 수 있다.

이후 김정은은 군장악력을 확실히 하기 위해 북한군 고위급에 대한 군사칭호 강등, 복귀 및 인사개편을 연이어 단행하였다. 2012년 10월에서 12월 사이 북한군 총참모장 현영철과 총정치국장 최룡해의 군사칭호가 차수에서 대장으로 강등되었고, 김영철 정찰총국장과 최부일 부총참모장은 대장에서 상장으로 강등된 사실이 확인되었다. 인민무력부장 김정각은 차수에서 대장으로 강등된 후 보직 해임되어 김일성군사종합대학장으로, 김격식은 상장에서 대장으로 복위하여 인민무력부장에 임명되었다. 이러한 일련의 군부개편은 김정은이 혁명무력인 북한군을 확실히 통제하고 장악하기 위해 공포정치를 전개하는 것으로 평가된다.

마. 대남전략 라인의 유임

2012년 4월 북한의 권력재편에서 대남전략을 전담하는 부서장들은 대부분 유임되었다. 국방위원회의 대남담당 부위원장 대장 오극렬, 국방위원회 정찰총국장 대장 김영철, 당 대남사업비서 겸 통일전선부장 김양건 및 대남간첩공작 주무 부서장인 225국장 강관주 등이 모두 유임된 것으로 밝혀져 이른바 북한의 대남라인에는 큰 변동이 없다.

그 이유는 김정일이 생전에 강성대국(적화통일 실현) 건설방침의 일환으로 2009년 초 대남공작부서를 전면 개편했기 때문이다. 주 내용은 그동안 '당(조선노동당)'에서 수행하던 대남전략권(대남공작 포함)을 '군'(국방위원회)으로 이관한 것이다. 국방위원회 직속으로 '정찰총국'을 신설하고 산하에 작전국(구 당 작전부), 정찰국(구 북한군 정찰국), 해외정보국(구 당35호실)을 배치하였으며, 당 대외연락부는 225국으로 변경하여 대외적으로 내각 소속으로 위장하고, 당 통일전선부는 축소 유지하는 것을 골자로 하고 있다.[11]

북한의 권력개편에서 대남전략라인의 유임은 후에 상술하겠지만, 김정은체제 하에서도 대남전략 기조가 유지될 것이라는 전망을 낳게 한다. 2012년 12월 대선에서 북한은 이른바 친북정권의 창출에 실패했기 때문에 적정한 수준에서 대남공작라인에 책임을 물을 것이나, 전면적 개편은 당분간 어려울 것이다.

---

11) 북한의 대남공작기구에 대한 상세한 설명은 유동열, "개편된 북한의 대남공작기구", 월간 북한 2010년 7월호, 북한연구소, 2010. 참조.

바. 내각기능의 정상화 지향

최근 북한의 권력재편에서 내각총리 최영림은 유임되었으며, 일부 부총리 및 담당상이 교체되었다. 내각의 정책기조를 유지하겠다는 것으로 보인다. 북한 사회주의헌법에 의하면 내각은 "최고주권의 행정적 집행기관이며 전반적 국가관리기관"이다.(123조). 내각은 인민경제발전계획 작성 · 실행. 예산편성 · 집행, 공업, 농업, 건설, 운수, 체신, 상업, 무역, 국토관리, 도시경영, 교육, 과학, 문화, 보건, 체육, 로동행정, 환경보호, 관광사업 등의 집행, 검열 · 통제사업 및 대외사업 등을 하도록 되어 있으나, 당과 군에 밀려 그 기능이 제한적이었고 철저히 당에 종속되어 활동하였다.

2010년 6월 김정일은 평양시당 책임비서였던 최영림을 발탁하여, 내각총리에 임명하고 힘을 실어줘 내각의 기능을 정상화시키기 위해 주력하였다. 김정일 사망 이후 북한 노동신문 1면 등에 이전과는 달리 최영림 내각총리의 현지지도 보도에 사진까지 등장하는 것은 김정은체제에서도 내각기능의 정상화를 위해 최영림 총리에 힘을 실어주는 작업을 지속하고 있는 것으로 보인다. 즉 정치사업은 당에서, 무력사업은 군에서, 인민사업은 내각에서 중심적으로 수행하도록 역할과 기능을 정상화시키기 위해 노력하는 점이 목격된다.

III. 김정은체제의 변화 전망

1. 통치이념 및 권력구도의 변화 가능성

북한 김정은 체제의 변화를 가늠할 수 있는 핵심적 변수는 북한정권의 통치이데올로기이자 지도사상인 주체사상과 선군혁명노선의 수정 여부이다.

2009년 이래 북한은 주체사상과 함께 선군사상을 통치이념으로 추가하고 있다. 북한은 2009년 4월 5일 개최한 제12기 최고인민회의에서 개정한 사회주의헌법 제3조에서 "조선민주주의 인민공화국은 사람중심의 세계관이며 인민대중의 자주성을 실현하기 위한 혁명사상인 주체사상, 선군사상을 자기 활동의 지도적 지침으로 삼는다"로 명시한 점과 2010년 9월 28일 제3차 당대표자회에서 수정한 당 규약 서문에 "조선노동당은 선군정치를 사회주의 기본정치방식으로 확립하고 선군의 기치 밑에 혁명과 건설을 영도한다"고 '선군혁명'노선을 명기한 점에서도 북한이 주체사상과 함께 선군혁명노선 즉 선군사상을 통치이념으로 추가하였음을 입증해준다. 또한 2012년 4월 11일 개최된 제4차 당대표자회에서는 이를 '김일성주의와 김정일주의'로 공식화하고 있다.

〈표8〉 주체사상과 선군사상 비교

	주체사상	선군사상
형성시점	1963년경(황장엽 증언) (북한은 1930년 카륜회의로 주장)	1995.1.1.(선군혁명절) (북한은 1960.8.25. 선군영도 주장)
창시자(북한주장)	김일성	김정일
사상적 토대	수령절대주의 혁명사상 (인민대중 중심 세계관이라 선전)	주체사상 + 군(軍)중시사상
사상분류	김일성의 혁명사상 (김일성주의)	김정일의 혁명사상 (김정일주의)
선 전	공산주의를 실현하기 위한 혁명사상	21세기 주체사상 제2의 조선혁명노선

선군사상이란 한마디로 표현하면 '주체사상+군(軍)중시사상'이다. 최근 북한은 선군노선을 초기의 상징조작이나 구호차원에서 벗어나, 이제 북한체제 전반에 '주체사상=김일성의 혁명사상=김일성주의'와 '선군사상=김정일의 혁명사상=김정일주의'로 정식화하고 있다.

특히, 김정은정권 등장이후 북한의 공식문건이나 언론매체에 김일성주의와 김정일주의 관철과 확산을 강조하는 논설과 구호들이 연일 보도되는 것으로 보아, 김정은정권 하에 주체사상과 선군혁명노선이 강화되면 강화되었지 수정·폐기될 전망은 전무하다.

리영호 숙청사태를 선군(先軍)노선 하에서 비대해진 북한군부를 견재하고 상대적으로 약화된 당의 역할을 강화하는 '선군노선 약화의 신호탄'이라고 해석하는 견해도 있으나 동의하기 어렵다. 2012년 4월에 열린 제4차 당대표자회 때 북한은 당규약 개정을 통해 '김일성주의와 김정일주의 실현'을 명시하고 이를 강조하고 있다.

이러한 상황에서 북한이 선군사상과 선군노선의 약화를 시도한다는 것은 이른바 혁명전통과 선대 수령인 김정일의 유훈에 어긋나는 것으로 김씨 집단이 건재하는 한 있을 수 없는 일이다. 김정은이 선불리 이를 추진하다가는 혁명의 배신자로 몰려 조기 실각할 수 있는 중대 사안이다. 최근 북한 노동신문 사설 등에서 '김일성주의와 김정일주의'와 '김정일 애국주의'의 강화를 주장하는 내용이 연일 보도되는 것이 이를 뒷받침해 준다. 향후에도 김정은은 일관되게 김정일주의(선군사상)에 기반한 선군노선을 통해 북한정권을 공고화할 수밖에 없는 것이다.

김정은정권의 지도이념인 주체(혁명)사상과 선군 혁명노선이 건재하는 한, 본질적 의미에서 북한체제의 변화를 기대하기는 어렵다. 이들 사상은 현대 문명사회의 기본가치인 자유와 인권을 말살하고 대한민국의 자유민주주의를 부정하며 파괴하는 전대미문의 수령 절대주의의 폭력혁명 사상이다. 이를 폐기하지 않고는 진정한 북한체제의 변화나 남북관계의 개선은 불가능하다.

이와 함께 앞서 분석한 북한 김정은체제의 권력구도에도 큰 변화가 없을 것으로 전망된다. 그 근거는 현실적으로 김정은이 취약한 권력을 공고히 하기 위해서는 이른바 '조선혁명의 전통' 계승과 '강성대국 건설'이라는 김정일의 유훈(遺訓) 관철을 내세울 수 밖에 없기 때문이다. 김정은 노작1호로 불리우는 〈위대한 김정일동지를 우리 당의 영원한 총비서로 높이 모시고 주체혁명위업을 빛나게 완성해나가자〉(2012.4.6.)에서 김정은은 김일성ㆍ김정일과 선군혁명노선을 받들 것을 강조하고 있다.

"조선로동당의 지도사상은 위대한 김일성ㆍ김정일주의입니다. 조선로동당은 김일성ㆍ김정일주의를 지도사상으로 하고 그실현을 위하여 투쟁하는 영광스러운 김일성ㆍ김정일주의당입니다…중략… 오늘 우리 당과 혁명은 김일성ㆍ김정일주의를 영원한 지도사상으로 확고히 틀어쥐고나갈 것을 요구하고있습니다… 우리는 김일성ㆍ김정일주의를 지도적지침으로 하여 당건설과 당활동을 진행함으로써 우리 당의 혁명적성격을 고수하고혁명과 건설을 수령님과 장군님의 사상과 의도대로 전진시켜나가야 합니다…중략… 우리는 위대한 장군님을 우리 당과 인민의 영원한 수령으로 높이 모시고 장군님의 혁명생애와 불멸의

혁명업적을 길이 빛내여나가야 합니다…중략… 우리는 당의 선
군혁명로선을 틀어쥐고 나라의 군사적위력을 백방으로 강화해
나가야 합니다. 선군은 우리의 자주이고 존엄이며 생명입니…
중략… 우리는 위대한 수령님과 장군님의 필생의 뜻과 유훈을
관철하여 반드시 조국통일의 력사적위업을 실현하여야 하며 수
령님과 장군님의 대외활동전략과 구상을 높이 받들고 적극적인
대외활동을 벌려 세계자주화위업수행에 적극 이바지하여야 합
니다. 우리는 위대한 수령님과 장군님께서 언제나 우리와 함께
계시면서 고무해주신다는것을 명심하고 더욱 분발하여 수령님
과 장군님의 구상과 념원을 빛나게 실현해나감으로써 주체혁
명의 새로운 100년대를 승리와 영광의 년대로 빛내여야 합니
다."(김정은, 2012.4.6)

2. 개혁개방의 가능성[12]

최근 북한의 개혁개방설이 다시 고개를 들고 있다. 이의 근거는 김
정은이 권력을 계승한 이후 보여준 일련의 파격적 조치들이다.

김정은이 권력을 승계한 이후 ▲장거리로켓포 발사 실패 즉시 보
도 ▲군부대 방문시 군장병과 군가족들과의 다양한 스킨십 ▲북 노

---

12) 유동열, "김정은정권에 대한 환상을 버려야", 월간조선 전문가칼럼, 2012.8.30. 참조.

동신문에 김정은 외에 최영림 내각총리나 최룡해 북한군 총정치국장 현지지도 사진과 기사 등장 ▲6.28 경제개선 방침(실제는 사회주의경제 정상화조치이나, 이를 계획경제 포기로 오해) ▲모란봉악단의 파격적인 공연(짧은 미니스커트 등 현란한 옷차림, 미국영화 록키 주제곡과 미키마우스를 비롯한 캐릭터 인형 등장 등) ▲김정은 부인 이설주의 동행기사 보도 등은 분명 김정일 통치시대와는 다른 파격적인 일들이라 할 수 있다.

그러나 이러한 미시적 변화를 두고 북한이 개혁개방에 돌입했다고 해석하는 것은 북한체제의 속성을 간과한 '착각'이며, '아마추어적인 사고'이다.

북한에서 의미있는 진정한 개혁이란 민주개혁이다. 즉 김정은 수령유일독재권력이 사라지고 민주정권이 들어서는 것이다. 개방이란 사회주의 패쇄경제체제가 자유시장경제체제 즉 자본주의체제로 변화하는 것을 의미한다. 따라서 김정은에게 개혁개방을 주문하는 것은 모든 기득권을 포기하고 죽으라는 것과 다름없다. 이러한 이유로 생전에 김정일도 2차 정상회담시 노무현대통령에게 개혁개방이란 용어에 대해 강한 거부감을 표한 바 있다.

특히, 일부 전문가들은 ▲김정은이 장기간 해외유학 생활을 통해 서방 자본주의를 알고 있다는 점 ▲젊어서 개혁의지가 강할 것이라는 점 ▲정권공고화를 위해선 경제안정이 급선무이기 때문에 서방세계의 경제지원을 받기 위해선 대남·대서방정책에서 유연성을 발휘할 수밖에 없다는 점 등을 들어 개혁개방설에 힘을 실어주는 분석을 내놓고 있다.

그러나 현실적으로 김정은이 취약한 권력을 공고히 하기위해서는 앞서 지적한 것과 같이 이른바 '조선혁명의 전통' 계승과 '강성대국 건설'이라는 김정일의 유훈(遺訓) 관철을 내세워 철저히 김정일 노선을 답습할 수밖에 없다. 김정은이 섣불리 '개혁개방'으로 진로를 틀 경우, '혁명의 배신자'로 몰려 실각 당할 수 있다. 따라서 김정은에게 대남혁명전략의 노선변화도, 핵포기 등을 기대하기는 어렵다.

최근 북한 언론에 보도된 개혁개방에 대한 견해를 보면, 일관되게 개혁개방에 대해 거부감을 보이고 있음을 알 수 있다.

"리명박역도는 요즘 입만 벌리면 그 무슨《바람》이니 뭐니 하고 주절대며 그 누구의《개방》을 떠벌이고있다. 하지만 그것은 언제가도 실현될수 없는 정신병자의 개꿈에 지나지 않는다."
(북한 노동신문 논평: 대결미치광이의 최후발악, 2012.10.13)

"남조선보수당국은 우리 조국땅 우에 펼쳐지는 위대한 변혁을 제멋대로 왜곡하고 아전인수격으로 그 무슨《개혁, 개방》설까지 내 돌리고있…중략…《개혁, 개방의 시도》니 뭐니 하는 것에 대해 말한다 해도 우리는 지금까지 사회주의를 건설하면서 어느 한 분야도 개혁하지 않은 것이 없으며 나라의 문을 닫아

맨적도 없다···중략··· 우리에게서 그 무슨《정책변화》니, 《개혁, 개방》이니 하는 것을 기대하는 것은 해가 서쪽에서 뜨기를 바라는 것과 같은 어리석고 미련한 개꿈에 불과하다."(조국평화통일위원회 대변인, 2012.7.29)

"우리는 그 어떤 개혁과 개방에도 흥미를 가지지 않으며 끄덕하지 않는다. 미국의 집권자들이 우리를 개방에로 유도하여 붕괴시키려고 하는 것은 파리채로 날아가는 비행기를 잡겠다는 것과 같은 허망한 꿈이다. 이런 것을 두고 오뉴월에 개꿈이라고 한다···"(북한 노동신문 2001.3.15일자 논평 : 우리의 사회주의는 끄덕없다. 中)

최근 북한 총참모장 리영호 해임사태를 개혁개방을 반대하는 군부강경파와 개혁개방을 추진하려는 장성택, 최룡해의 권력투쟁으로 해석하는 것 역시 북한정권의 속성을 이해하지 못한 주장이다. 북한에는 수령유일독재체제 속성상 강경파, 온건파가 존재할 수 없으며 오로지 수령파(김일성·김정일·김정은)만 존재한다. 수령의 방침 하에서 약간 강경한 주장을 전개하는 그룹과 온건한 주장을 전개하는 그룹이 존재할 뿐이다. 또 북한에서 개혁개방의 추구는 김일성·김정일·김정은으로 이어지는 김씨 집단의 몰락을 의미하는데, '혁명전통'이 건재한 북한 지휘부가 이러한 개혁개방을 수용할

리 없는 것이다.

3. 대남전략의 변화 가능성[13]

북한의 대남전략(對南戰略)이란 북한정권의 목표인 '전 조선의 주체사상화와 적화통일'을 달성하기 위해 남한에 대해 전개하는 모든 실천적인 행동지침을 말한다. 북한에서는 대남전략을 '대남혁명전략' 또는 '남조선혁명전략'으로 호칭하고 대남공작부서에서는 '대남사업'이라고 통칭한다.

북한의 대남전략이라고 하면, 간첩침투, 스파이공작, 사이버테러 및 무력군사도발 등만을 떠올리나, 실제로는 이외에도 남북대화, 남북교류, 금강산관광과 개성공단 등 남북 경제협력사업, 재외국민을 대상으로 한 해외에서의 공작 등 한국과 관련된 모든 분야가 대남전략의 영역이라는 점을 지적한다.

북한은 1970년 11월 제5차 당대회 이후 남조선혁명의 성격을 '민족해방 인민민주주의혁명(NLPDR : National Liberation People's Democracy Revolution)'[14]이라고 규정하고, 이를 공식 채택하여 당규약 전문에 수정 명시하여 이를 견지해오다, 2010년 9월 28일 제3

---

13) 유동열, "북한의 권력재편과 대남전략 변화가능성", 2012 제2차 대북정책 심포지엄, 세종연구소, 2012.5.10. 참조.
14) 북한은 NLPDR의 D를 'Democratic' 이 아닌 'Democracy'로 표현함.

차 당대표자회에서 30년 만에 당 규약을 수정하면서, '민족해방 민주주의혁명(NLDR)'으로 명칭을 변경하며 '인민'이란 용어를 삭제하고 있다. '민족해방 인민민주주의혁명(NLPDR)'과 '민족해방 민주주의혁명(NLDR)'은 실제 내용상 차이가 없다. 북한은 그동안 두 전략을 다같이 '반제반봉건 민주주의혁명'이란 용어와 혼용하여 같은 개념으로 사용한 바 있다.[15]

북한이 당 규약개정시 '민족해방 인민민주주의혁명'에서 '인민'을 삭제하고 '민족해방 민주주의혁명'이라고 명시한 이유는 '인민민주주의혁명'란 표현이 첫째, 국내에서 사회주의→공산주의로 이행하는 과도단계 혁명이라고 인식되어 부정적 이미지를 풍기는 점을 감안하여 '(일반)민주주의'를 하자는 혁명이라고 위장하려는 술책으로 보이며 둘째, 국내 좌익권에서 북한추종파인 주사파에 대항하는 맑스레닌계열의 계파인 'PD파'(PDR파: 민중민주주의혁명파)와 차별화하기 위함이라고 판단된다.

김정은체제의 대남전략에 변화가 있을 것인가? 결론부터 말하자면, 김정은시대에도 대남전략에는 별 변화가 없을 것이다. 북한의 대남전략에 본질적 변화가 일어나려면, 상황변화에 따른 전술적 차원의 일시적인 변화가 아닌 기존의 적대적인 남북관계의 전체구도에 영향을 미칠 정도로 직접적이고 일관적이며 실천적인 사고를 동

---

15) 이에 대한 자세한 설명은 유동열, "북한의 권력재편과 대남전략 변화가능성", 2012 제2차 대북정책 심포지엄, 세종연구소, 2012.5.10. 참조.

반한 변화여야 한다. 대남측면에서 북한의 전략적 변화를 가늠하기 위해선 최소한 아래와 같은 7개 변수에 대한 실천적 조치가 선행되어야 할 것이다.

〈표9〉 북한의 대남전략 변화관련 분석의 틀

핵심 변수	내 용
당규약의 수정	● 적화통일조항 ● 민족해방 (인민)민주주의혁명노선
통치이데올로기 수정	● 주체사상 ● 선군혁명사상
대남관의 전환	● 한국사회에 대한 평가 ● 한국정부에 대한 평가
파괴전복활동 중지	● 대남군사위협 및 무력도발 ● 간첩남파 등 대남공작 ● 대남테러 및 사이버테러
대남선전선동 중지	● 대남심리전 ● 친북좌파세력 지원 및 선동 ● 대남통일전선공작
핵개발, 군사력 증강 중지	● 핵개발 ● 군사력 증강
개혁개방 지향	● 개혁: 수령절대주의 청산, 민주정권 수립노력 ● 개방: 사회주의 패쇄경제 폐지, 자유시장경제제도입 노력

첫째, 북한정권의 대남전략 목표는 조선노동당 규약에 잘 명시되어 있다. 북한 대남전략의 변화를 가늠하기 위해서는 조선노동당 규약에 명시된 적화통일 조항(온 사회의 공산주의사회 건설)과 대남전략 관련 내용의 수정여부를 살펴보아야 한다.

한 가지 주목할 점은 북한이 1980년 10월 제6차 당대회시 개정한 조선노동당 규약을 30년 동안 견지하다, 2010년 9월 28일 개최된 제3차 당대표자회에서 아래와 같이 개정하며 '공산주의 실현' 부분을 삭제했다는 점이다.[16] 즉 '공산주의사회 건설'이라는 표현을 삭제하고 '인민대중의 자주성을 완전히 실현' 표현으로 변경한 것이다. 이는 북한이 2009년 4월에 사회주의 헌법을 개정하면서 '공산주의'라는 표현을 삭제한 것과 맥락을 같이 한다. 이를 놓고 북한전문가들과 일부 언론에서는 북한이 공산주의실현과 적화통일을 포기했다는 성급한 분석이 난무하고 있다.[17] 또한 2012년 4월 11일 개최된 제4차 당대표자회에서는 당 규약을 재개정하여, '온 사회의 주체사상'을 '온 사회의 김일성주의와 김정일주의화'로 명시하여 전한반도를 수령절대주의체제화 하겠다고 공언하고 있다.

〈표10〉 조선노동당 규약의 수정

1980. 10. 10 제6차대회	조선로동당의 당면 목적은 공화국 북반부에서 사회주의의 완전한 승리를 이룩하여 전국적 범위에서 민족해방과 인민민주주의 혁명과업을 완수하는데 있으며 최종목적은 온 사회의 주체사상화와 공산주의사회를 건설하는데 있다.(당규약 서문 중)
2010. 9. 28 제3차 당대표자회	조선로동당의 당면 목적은 공화국 북반부에서 사회주의의 강성대국을 건설하며, 전국적 범위에서 민족해방 민주주의 혁명과업을 수행하는데 있으며 최종목적은 온 사회를 주체사상화하여 인민대중의 자주성을 완전히 실현하는데 있다.(당규약 서문 중)
2012. 4. 1 제4차 당대표자회	조선로동당의 당면 목적은 공화국 북반부에서 사회주의의 강성대국을 건설하며, 전국적 범위에서 민족해방 민주주의 혁명과업을 수행하는데 있으며 최종목적은 온 사회를 김일성.김정일주의화하여 인민대중의 자주성을 완전히 실현하는데 있다.(당규약 서문 중)

---

16) 북한은 제12기 최고인민회의(2009. 4.)에서 헌법을 수정하면서 '공산주의'라는 표현을 삭제한데 이어 금번 당대표자회(2010.9.28)에서 당 규약을 수정하면서 '공산주의 건설'부분을 삭제하였다.
17) 유동열, "북한의 후계구도와 대남전략", 2010년 국가정보학회 연례학술회의 발표문, 2010.11.24.,43쪽

북한 《철학사전》(1985년판)과 《주체사상 총서5권》(1985년판)에 명시된 공산주의에 대한 정의를 보면, 공산주의 삭제 표현이 위장 사기술임을 알 수 있다.

즉 개정된 당 규약에 의하면, 당의 최종목적이 '인민대중의 자주성을 완전히 실현'하는 것인데, 바로 이러한 표현이 공산주의사회를 건설하겠는 표현임이 북한 철학사전(1985)과 주체사상총서 5권(1985) 책자에서 확인된다. 따라서 당 규약 개정에도 불구하고, 북한의 적화통일노선에는 변함이 없음을 알 수 있다.

<표11> 공산주의에 대한 북한의 정의

북한 철학사전 (1985)	공산주의사회는 온사회를 주체사상화할 때 성과적으로 이루어진다. 공산주의사회는 주체사상의 요구에 맞게 사람과 사회가 개조됨으로써 인민대중의 자주성이 완전히 실현되는 사회이다" (북한 철학사전, 사회과학출판사, 1985, 62면)
북한 주체사상 총서5권 (1985)	공산주의사회는 근로 인민대중의 자주성이 완전히 실현되는 사회, 인류사회발전의 가장 높은 단계를 이루는 사회이다"(북한, 위대한 주체사상총서 5: 사회주의, 공산주의건설리론, 사회과학출판사, 1985, 3면)

특히, 2012년 4월 11일 재수정된 당 규약 서문에 의하면, 북한 노동당의 최종목표가 '온사회를 김일성주의·김정일주의화하여 인민대중의 자주성을 완전히 실현하는 것'인데, 여기의 김일성주의와 김정일주의가 북한판 공산혁명사상인 주체사상과 선군사상임은 앞서 지적한 바와 같다. 결국 당 규약의 개정에도 불구하고, 북한의 대남 적화통일노선에는 변함이 없는 것이다.

또한, 북한이 당 규약에서 여전히 '전국적 범위에서 민족해방 (인민)민주주의혁명 과업을 수행[18]'함을 명시함에 따라, 북한의 대남전략에는 변함이 없음이 확인되고 있다. 앞장에서 지적했듯이 북한의 대남전략노선인 '민족해방 민주주의혁명(NLDR)'전략은 먼저 민족해방과 자주권 확립이란 미명 하에 주한미군을 철수시켜 군사적 공백을 만들고 연이어 한국정부를 타도한 다음 사회주의로 이행하는 과도정부인 '인민정권'을 수립하는 이른바 전조선혁명의 1단계 목표인 것이다. 다음, 2단계로 남북합작에 의해 사회주의혁명을 수행하여 궁극적으로 전 한반도를 김일성주의 · 김정일주의화하고 공산주의를 실현한다는 것이다. 따라서 북한 조선노동당 규약의 적화통일 조항과 민족해방 민주주의혁명노선의 폐기없이 북한 대남전략의 변화란 요원한 것이다.

둘째, 앞서 지적했듯이 북한의 통치이념인 주체사상과 선군혁명노선을 여전히 고수하고 강화하고 있다.

셋째, 북한의 대남전략에 변화가 있으려면, 한국사회와 한국정부에 북한의 인식 즉 대남관(對南觀)에 변화가 있어야 된다. 이른바 북한의 남조선관(대남관)에 따라서 대남전략이 결정되는 것이다. 북한은 그동안 한국사회를 '식민지 반(半)봉건사회'로 규정해 왔는데, 1970년 11월 제5차 당대회 이후부터는 '식민지 반(半)봉건사회'와 '

---

18) 전국적 범위란 북반부(북한)뿐만 아니라 남반부(남한)을 포함한 한반도 전역을 의미함.

식민지 반(半)자본주의사회'를 혼용해오다 1980년대 이후부터는 철저히 주체사관에 입각하여 '식민지 반(半)자본주의사회'로 규정해오고 있다. [19]

이러한 대남관에 따라, 이른바 남조선혁명에서 타도되어야 할 1차 타도대상(주적)으로 '미제'를, 2차 타도대상으로는 미제와 결탁한 파쇼(한국정권 지칭), 지주, 예속자본가(매판자본가), 반동 관료배 등을 설정하고 있다. 이에 입각하여 북한은 '선 미제축출 후 파쇼타도'라는 전략목표를 설정한다.

북한의 대남관은 이전과 전혀 변하지 않고 있다. 김정은정권 출범이후에도 북한은 정권타도 등 대남 비방선동을 강화해오며 대남 적대노선을 구사하는 공세적 대남정책을 전개해오고 있다. 그러나 위와 같이 대남적대정책을 지속 전개하고 현 정부를 악성비방하며 정권타도를 선동하는 근본적인 대남관의 전환은 쉽지 않을 것이다.

넷째, 북한의 대남전략에 실천적 변화가 있으려면, 대한민국에 대한 무력도발, 간첩남파 및 테러 등 파괴전복활동을 중지해야 한다. 그러나 북한은 장거리로켓발사실험(2009.4.5), 제2차 핵실험(2009. 5.25) 및 제3차 서해교전(2009.11.10), 천안함폭침사건(2010.3.26), 연평도 무차별 포격(2010.11.23), 광명성3호 발사강행

---

19) 여기의 식민지반(半)자본주의사회란 남한사회가 정치체제 면에서 미 제국주의에 종속된 식민지사회이며 남한정권은 식민지대리통치정권이라는 것이고, 경제체제면에서는 정상적인 경로에 의해 형성된 자본주의가 아니라 소작제도 등 봉건적 잔재와 자본의 전근대성, 매판성 등이 중첩되어 있는 반(半)자본주의사회라는 것이다.

(2012.4.12), 혁명무력의 특별행동 협박(2012.4.23), 광명성3호 2기 발사(2012.12.12) 등에서 보듯이, 대남군사위협을 저강도에서 중강도로 높인 바 있다.[20]

또한, 2010년에 검거된 간첩만 해도 11명으로 정찰총국 소속 황장엽암살조 2개조(동명관·김명호조, 이동삼), 보위사령부 소속 탈북자위장간첩 김미화, 포섭간첩 김윤호, 박채서, 한춘길 등이 있으며, 2011년 왕재산간첩단, 2012년에도 탈북자 위장간첩 이애경사건 등 다수의 간첩이 검거된 바 있다.

따라서, 북한의 대남전략에 변화가 있으려면 육해공에서의 무력도발 등 대남군사위협과 파괴 전복활동 중지를 공식 선언하고 이를 실천에 옮겨야 된다. 북한이 여전히 간첩을 침투시키고 우리사회를 교란하며 대남 군사위협을 지속하는 한 북한의 전략적 변화는 설득력이 없다.

다섯째, 북한의 대남전략에 실천적인 변화가 있으려면, 북한은 상투적인 대남 비방중상, 심리전 활동과 국내 종북권을 지원하는 통일전선공작 등을 중지해야 한다. 최근 북한은 대남심리전차원에서 온라인(사이버공간)·오프라인(현실공간)을 배합하며, 대남선동공세를 강화해 왔다. 실제 북한은 130여개의 친북인터넷사이트와 200여

---

20) 북한은 이와 같이 제한적 무력도발을 전개하는 이유는 강성대국론에 기반하여 전쟁분위기를 조성시켜 ①누적된 경제난으로 인한 북한주민의 동요를 최소화하여 수령독재체제를 유지하려는 것이며 ②대남측면에서 한국사회의 남남갈등 등 내부교란을 유도함과 동시에 한국정부의 친북화를 압박하고 ③대외적으로 미북회담이나 6자회담 등에서 유리한 고지를 점유하려는 유력한 카드로 적절히 활용하려는 것이다.

개의 국내 종북좌파 인터넷망을 통해 종북좌파세력을 지원하며 대대적인 선동공세를 취하고 있다.

북한은 제2전선(후방전선) 강화차원에서 국내 종북좌파세력을 지원하는 공작을 강화하고 있다. 주목할 점은 종전에 후방전선은 빨치산이나 북한이 직접 침투시킨 무장공비들이 형성하였으나, 1990년 이래 종북좌파세력이 이를 대신하고 있다. 이들은 대한민국 국민으로서 갖은 혜택은 다 누리면서도 천안함사건, 연평도 포격도발, 핵문제, 미사일문제, 간첩사건, 북한인권 등 각종 안보사안에 대해서는 북한 김정일정권이 입장을 철저히 옹호, 대변해오며 북한의 대남적화노선을 성실히 수행해오고 있는 집단이다. 이러한 상황은 북한의 대남전략의 핵심고리인 대남심리전과 종북좌익세력 지원공작 및 통일전선공작에 변화가 없음을 입증하는 것이다.

여섯째, 북한의 대남전략에 가시적 변화가 있으려면, 핵 개발, 장거리 미사일 개발 등 군사력 증강을 중지하고 적정한 수준으로 군사력을 감축해야 한다. 특히 2010년 11월 21일 북한이 고농축 우라늄시설을 전격 공개한 사실이 보도된 바 있어, 우라늄 핵폭탄 보유에 주력하고 있다.

북한이 군사비용 지출감소 부분을 민간부분으로 전환시키면 누적된 경제난은 해소될 것이다. 그럼에도 불구하고 극심한 식량난 속에서도 119만의 군사력을 유지하고, 한반도 비핵화 공동선언, 제네바합의, 핵확산금지조약(NPT) 등 국제협약을 위반하면서 장거리 로켓

발사시험을 강행하고 2차례에 걸친 핵 실험을 단행하는 등 핵 개발에 진력하는 것은 대남 적화혁명노선을 달성하기 위한 강력한 물리적 수단을 확보하려는 것이라는 사실을 입증해준다. 최근에는 제3차 핵실험 의지를 공공연히 표방하고 있다.

이상에서 보듯이, 북한 김정은정권의 대남전략에는 근본적 변화가 없을 것으로 평가된다.

일부에서는 앞서 언급했듯이, 김정은이 ▲유럽에서 유학한 점 ▲젊어 개혁의지가 있을 것이라는 점 ▲경제난을 해소하기 위해 남한과 서방세계의 지원이 절대적으로 필요한 바, 핵문제에 대한 유연한 입장을 보여주고 개혁개방을 추구하고 대남측면에서 온건하게 나올 것이라 전망하나, 앞서 지적한 평가와 함께 아래와 같은 사유로 동의하지 않는다.

첫째, 김정은은 취약한 권력을 공고히 하기위해 이른바 '조선혁명의 전통' 계승과 '강성대국 건설'이라는 김정일의 유훈(遺訓) 관철을 내세워 철저히 김정일노선을 답습할 수 밖에 없다. 김정은이 혁명전통을 어기고 급속한 개혁개방을 추구하다간 '혁명전통의 배신자, 파괴자'로 몰려 실각할 가능성이 농후하다. 따라서 김정은에게 대남적화전략의 노선변화를 기대하기는 어렵다. 향후 북한의 대남정책은 김일성·김정일의 대남적화혁명전략 기조를 군건히 유지할 것이다.

둘째, 대남전략을 촉진할 수밖에 없는 북한의 대내외 변수이다. 아래 도표에서 보듯이, 김정은정권의 대남전략은 공세적으로 전개될 수 밖에 없다.

<표12> 북한의 대남도발 촉진 변수

변수	주요 내용
대남변수	● 한국의 새정부(보수성향) 출범 ● 현정부의 국정무력화 기도 ● 전쟁공포 확산으로 남남갈등, 사회혼란 조성 ● 국내 종북좌익세력의 발호와 남한혁명역량 지원
대내변수	● 경제난 누적, 주민불만 고조 무마책(전쟁분위기 조성) ● 수령유일 독재체제 유지 ● 3대 세습체제 공고화 ● 강성대국 실현여건 조성
대외변수	● 미국, 러시아, 중국 등 권력재편으로 인한 공백기 활용 ● 한반도 긴장고조 조성으로 미국 등 대북정책 온건화 기도 ● 국제사회에 강성대국 과시

　세째, 향후 김정은이 3년~5년이상 권력을 유지하며 통치기반을 공고히 한다면, 그때부터 김정은이 대남전략 영역에서 자기 의지를 반영하여 유연한 변화를 모색할 수 있을 것이나, 북한 김씨집단의 혁명전통과 주체사상과 선군혁명노선을 폐기하지 않는 한 이도 쉽지 않을 것이다.

Ⅳ. 맺는 말: 정책제언

　김정은체제의 등장 이후, 서두에 지적한 것처럼 이전과는 달리 북한 내부에 크고 작은 변화가 다양하게 진행되고 있고, 향후에도 이러한 변화는 지속될 것이다. 그러나. 이는 미시적 차원의 변화일뿐 북한체제의 본질적인 변화와는 거리가 멀다.

　현시점에서 김정은 유고(有故), 민란발생 등 돌발상황이 발생하지 않는 한, 북한 김정은정권에게 개혁개방이나 대내외 정책노선 및 대남적화전략의 변화를 기대하는 것은 어렵다. 김정은의 1호 담화 등에서 보듯이, 김정은은 일관되게 '조선혁명의 전통과 김일성·김정일 유훈관철' 및 '강성대국의 실현' 기치를 명백히 하고 있다. 북한의 본질적 변화를 강제하기 위한 우리의 대책을 간략히 제시하면 다음과 같다.

첫째, 북한 김정은 집단의 실체에 대한 명확한 인식을 가져야 한다. 수령절대주의 폭압독재체제인 북한정권을 단순히 대화와 통일의 동반자로 설정한 대북전략은 실패를 거듭할 수밖에 없음을 지적한다. 주체사상과 선군혁명노선에 기반한 김씨집단이 존재하는 한, 진정한 실질적인 남북관계 개선은 불가능하다.

향후 북한은 대남전략은 더욱 공세화되고 전투화될 것으로 보인다. 북한은 전략적으로 한국정부를 '적'(敵)으로 규정하는 대남적화전략의 기조를 견지하며, 전술적 차원에서 한국정부를 강도높게 압박하며 공세적 대남정책을 전개할 것이다. 그러나 2013년 새로운 한국정부가 출범하면 일부 유화적 조치를 전개하는 강경·유화배합노선을 구사할 것으로 전망된다.

그렇다고 해서 북한정권과 대화하지 말라는 주장은 결코 아니다. 북한 김씨집단의 실체를 정확히 파악하고 헌법적 가치인 자유민주주의원칙에 기초하여, 북한의 대남전략에 대응한 대북전략의 수준을 결정하고 원칙을 지키면서 대화하자는 것이다.

둘째, 북한의 대남전략과 이의 하위체계인 대남전술 및 대남공작에 대한 정확한 파악과 분석이 필요하다. 이를 제대로 이해하지 못할 때 우리의 대북정책은 커다란 시행착오를 겪을 수 있기 때문이다. 특히 우리는 남북관계 대응에서 전략적 사고를 강화해야 한다. 북한이 남북관계를 진정한 민족화해의 관점에서 접근하는 것이 아니라 적화혁명을 위한 전략적 사고로 접근하는데, 우리정부가 정책적 사고로 대응한다면 그 결과는 뻔하다고 할 수 있다. 정부는 남북관계의 제 사안을 분석하고 더나아가 안보 및 대북정책의 수립시 전략적 사고를 강화해야 한다.

세째, 정부는 올바른 대북전략을 수립, 실행해야 한다. 현상태에서 상정해볼 수 있는 대북전략은 ①고강도 대안: 압박전략 ②저강도 대안: 포용전략 ③중강도 대안: 포용·압박배합전략 ④무시전략: 무(無)강도 등이 있는데, 현시점에서는 북한의 대응에 따라 상황에 맞는 강력한 압박전략의 구사도 고려해야 한다. 특히 북한의 강력한 대남적대공세와 남북관계의 교착국면을 돌파하기 위해서는 단계적 압박전술을 구사하여 북한을 다방면으로 압박하며 북한의 변화를 유도하고, 남북관계가 완화되면 압박·포용 배합전략을 구사하는 것이 바람직하다고 생각된다. 이는 상당한 인내를 필요로 하는 전략이다.

셋째, 북한의 변화를 압박하기 위헤서는 먼저, 21세기 새로운 안보환경과 다양한 안보위협에 효율적으로 대처하기 위해서는 안보관련 법제의 신속한 정비와 국가안보시스템에 대한 전면 점검과 안보수사부서의 정상화(인원·기구 정상화)가 시급히 요망된다. 튼튼한 안보가 뒷받침되지 않는 한, 북한변화를 유도하는 대북정책은 환상에 불과하다.

넷째, 북한의 정교한 대남선전선동 공세에 대응하여 이른바 대내·대북 사상전(思想戰)을 전개해야 한다. 예를 들면 북한 및 종북

유 형	성 격	주요 내용
단계적 압 박	● 1단계: 무시전술	● 침묵대응 ● 상황분석 대응준비, 역량비축 주력
	● 2단계: 경고전술	● 대남압박 지속시 중대조치 실시경고 ● 대남온건 회귀시, 대북지원 유인 ● 대북심리전 전면 전개 ● 국제공조 하의 북한 심리적 압박
	● 3단계: 저강도 압박	● 사회문화교류 중단(인도적 교류 제외) ● 민간급 대북경제지원 일부 중단 ● 북한인권개선의 국제적 공조, 압박
	● 4단계: 중강도 압박	● 민간급 대북경제지원 전면중단 ● 인도적 대북경제지원 중단 ● 개성공단 철수 등 북체류자 소환 ● 각종 사안 국제규범 준수 압박 ● 국제공조.정치외교적 대응조치 준비
	● 5단계: 고강도 압박	● 국제공조 하에 다방면 대북압박 ● 남북관계 전면 단절 ● 북한의 전면적 개혁.개방 주장(김정은정권 퇴진, 민주개혁, 시장경제 개방) ● 북핵폐기 정치외교적 압박 ● 경제봉쇄, 최종: 군사적 조치
압박 · 포용 배 합	● 대북 강 · 온 병행구사	● 대남온건노선 전환시, 원칙에 입각한 대북협조 . 지원 ● 대남적대노선 구사시,단계적 대북압박 ● 남북기본합의서 준수 촉구 ● 정상적 남북관계 발전추구

세력들이 전개하는 국가보안법 철폐, 제주해군기지 건설반대, 주한 미군 철수 등 대남선전선동에 대해 사안별로 설득력 있는 대응논리를 개발하여 이들 주장의 부당성과 허구성을 규명하고, 선량한 국민들이 북한의 선동공세에 말려들지 않도록 해야 할 것이다. 더나가 북한동포들에게 자유와 인권, 평화의 바람을 불러넣기 위한 대북심

리전도 강화해야 한다.

다섯째, 정부는 북한에게 '남북기본합의서'(1992)의 준수와 이의 성실한 이행을 국내외적으로 천명하고, 실천하도록 압박해야 할 것이다. 이와 함께 북한이 최소한의 민주개혁과 자유시장으로의 개방 의지를 실천적으로 보여줄 때 북한의 전략적 변화는 시작되는 것이다. 이러한 조치가 수반되지 않는 변화는 본질적으로 북한의 변화를 유도하는 정책이라 볼 수 없으며, 상황을 호도하기 위한 일시적인 전술적 변화정책에 불과한 것이다.

끝으로, 북한이 향후에도 한국정부와의 적대노선을 표방하며 천안함폭침사건, 연평도 무차별 포격, 장거리미사일(광명성3호) 발사 등과 같은 비타협적 군사모험주의로 치닫고 국제평화에 저항한다면, 우리정부는 북의 대남비타협적 적대노선에 대응하는 방안의 일환으로 김정은정권을 고립화시켜 북한에 자유민주정권이 수립되게 하는 '역(逆) 대북전략'을 수립·실행할 것을 고려해야 한다. 이것만이 수령절대주의 폭압체제에서 신음하는 북한동포을 해방시키고 자유민주 통일을 앞당기는 길이다.